This book belongs to

....

....

....

....

....

....

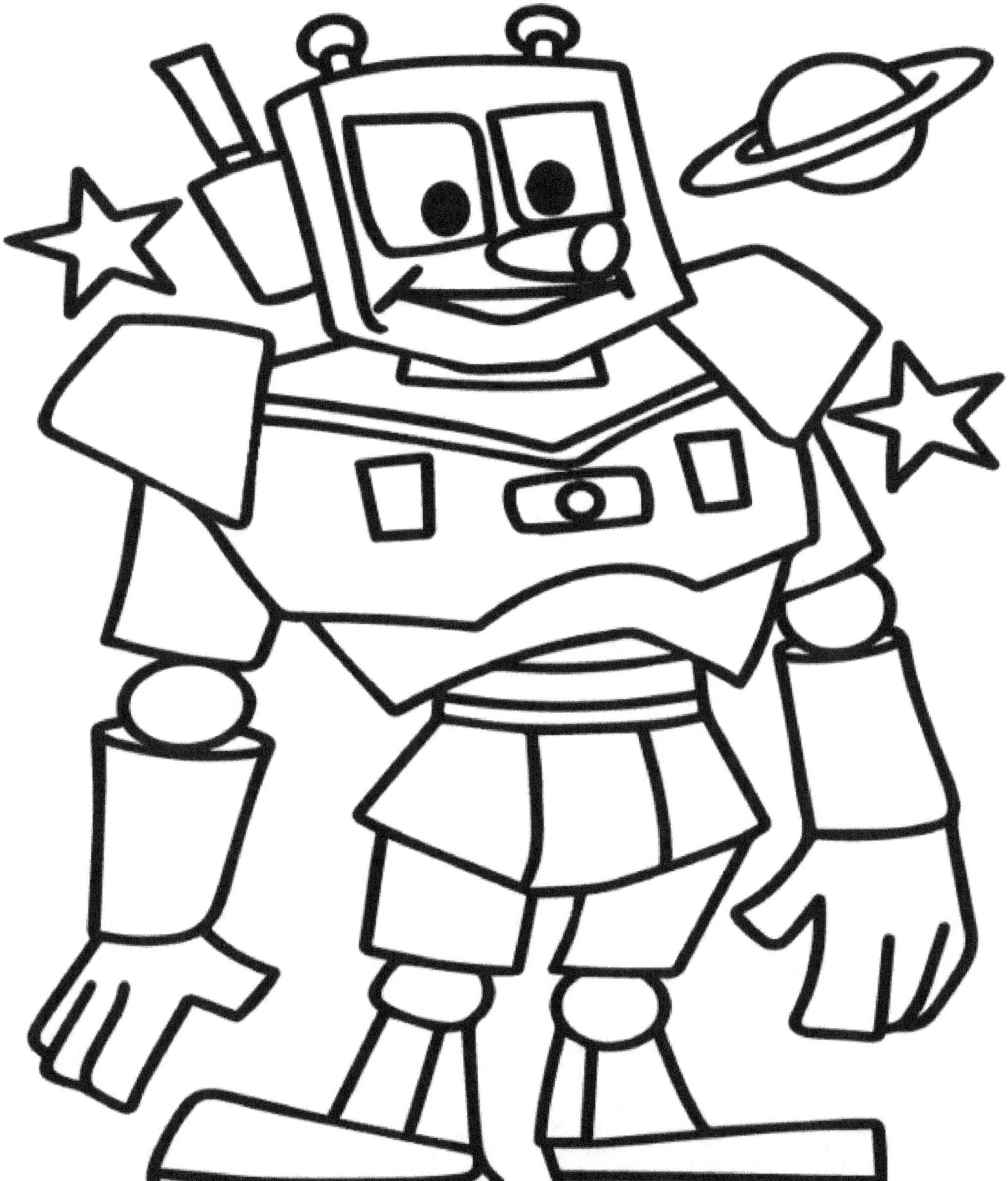

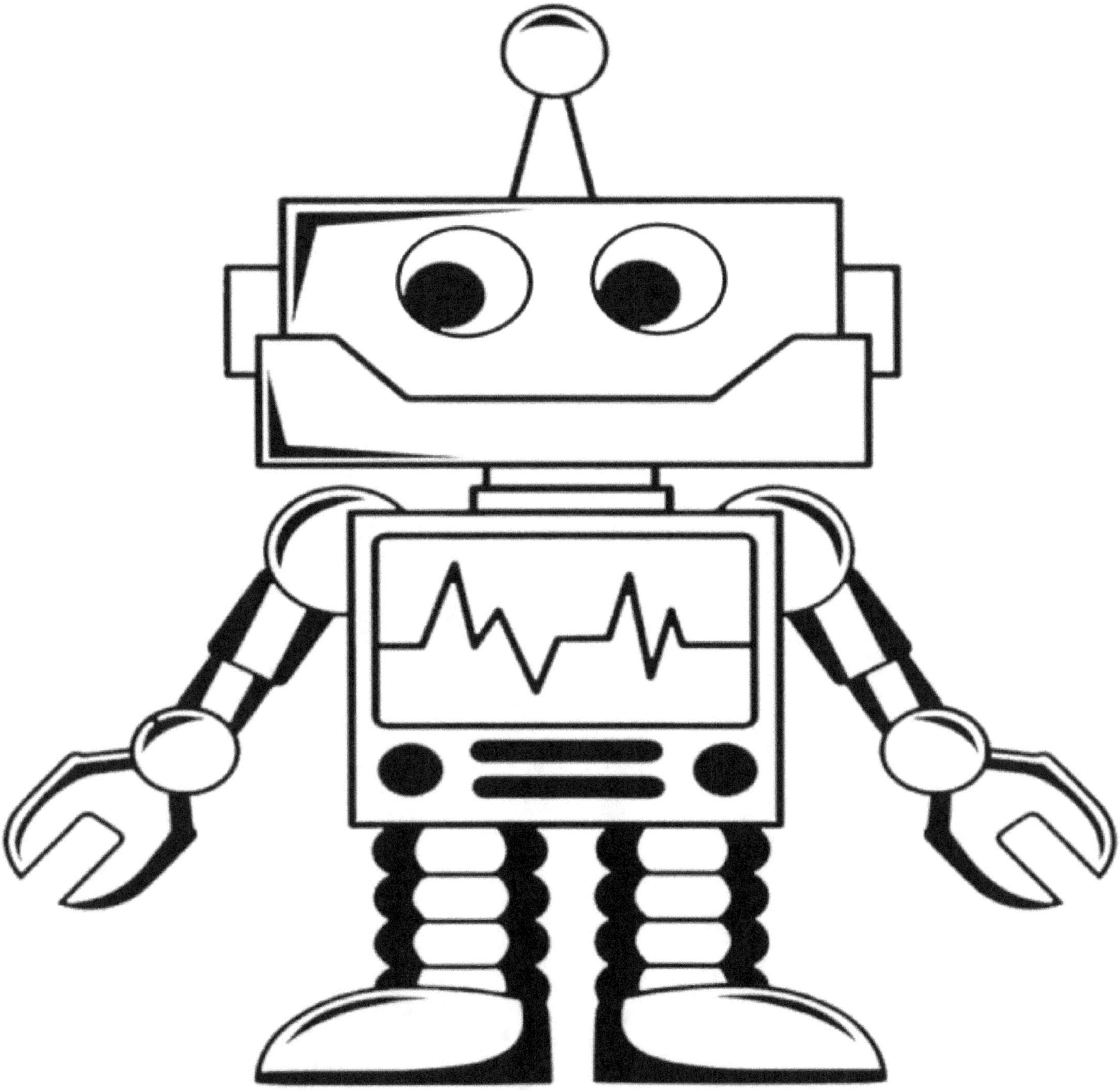

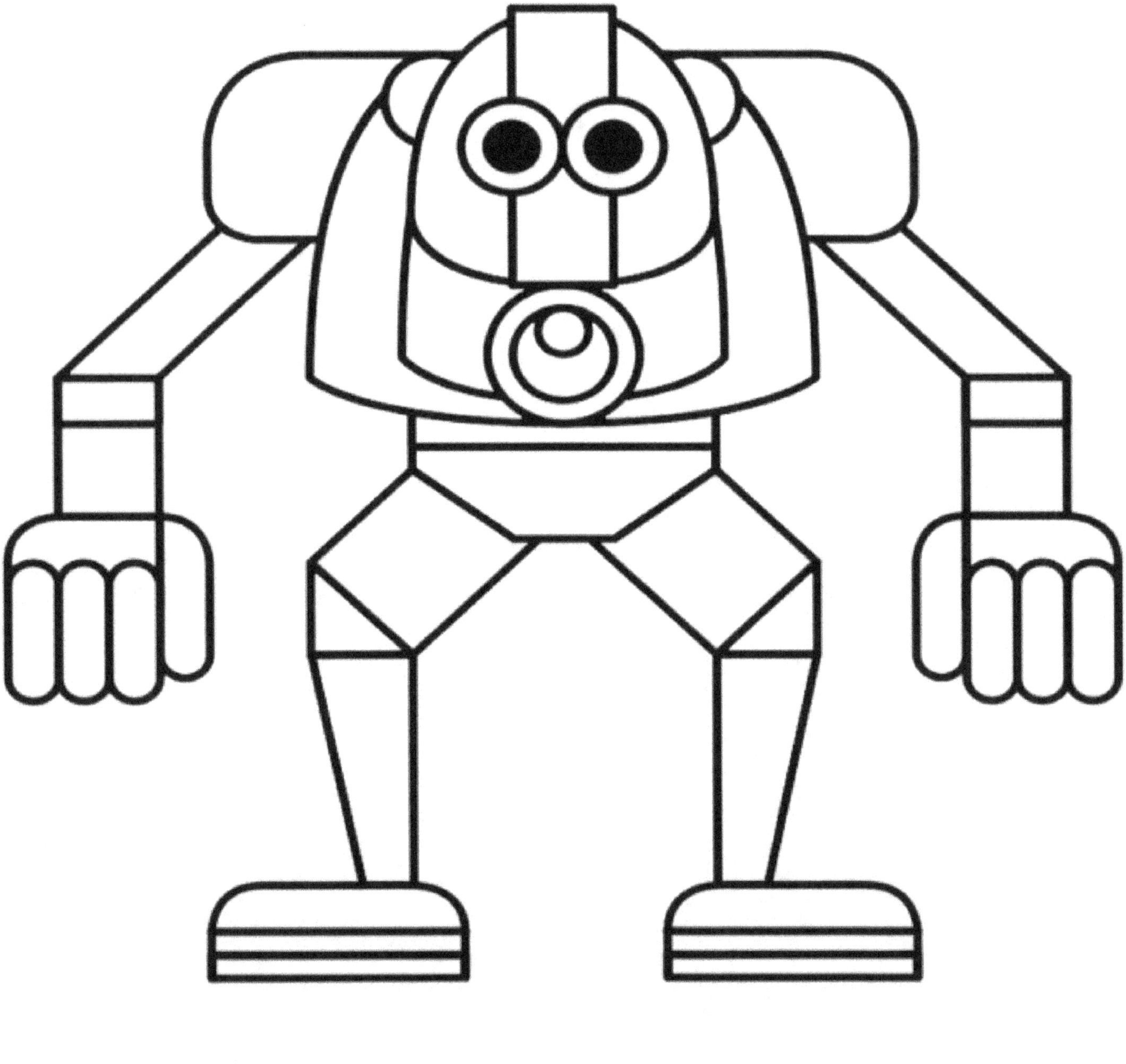

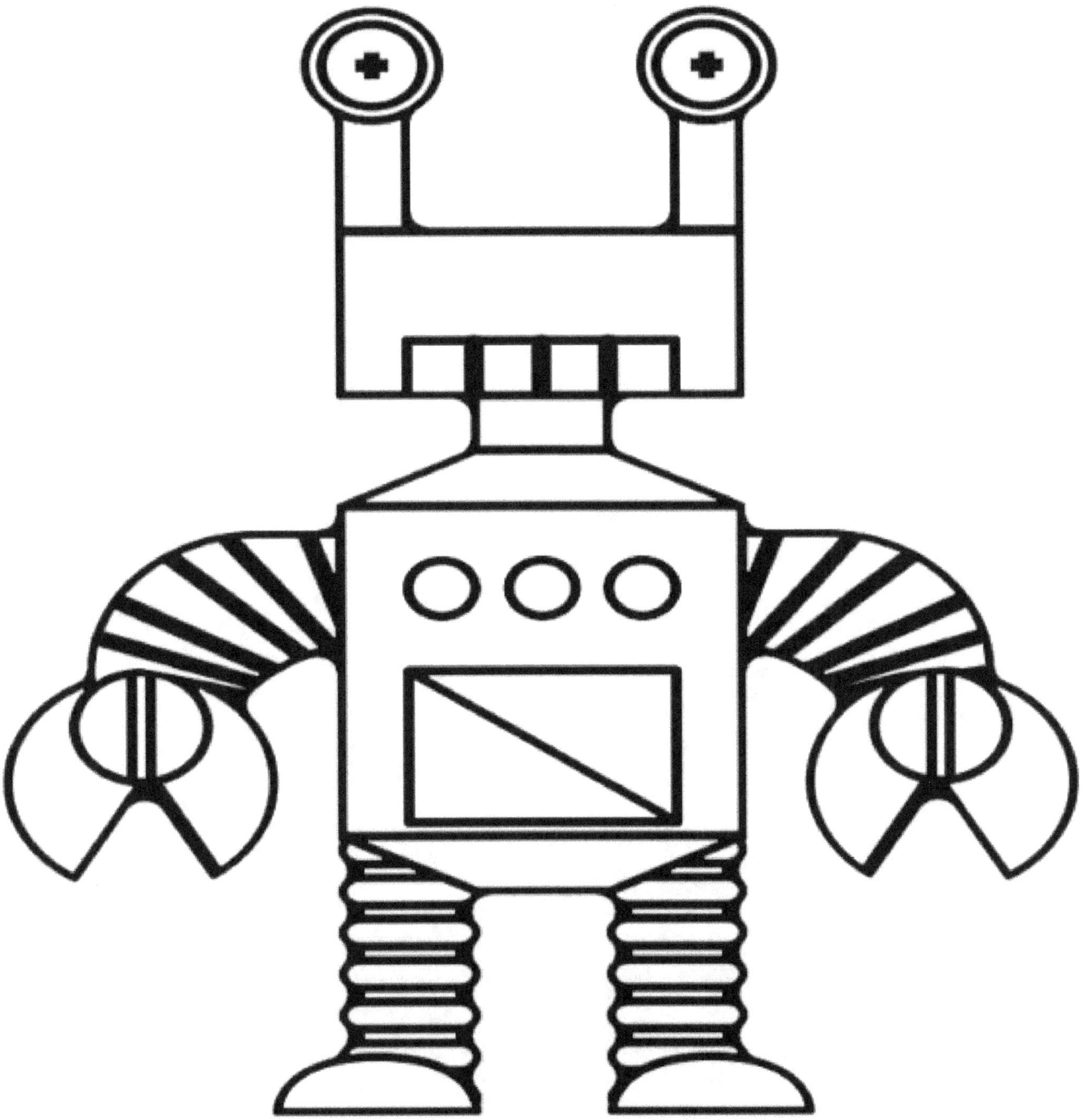

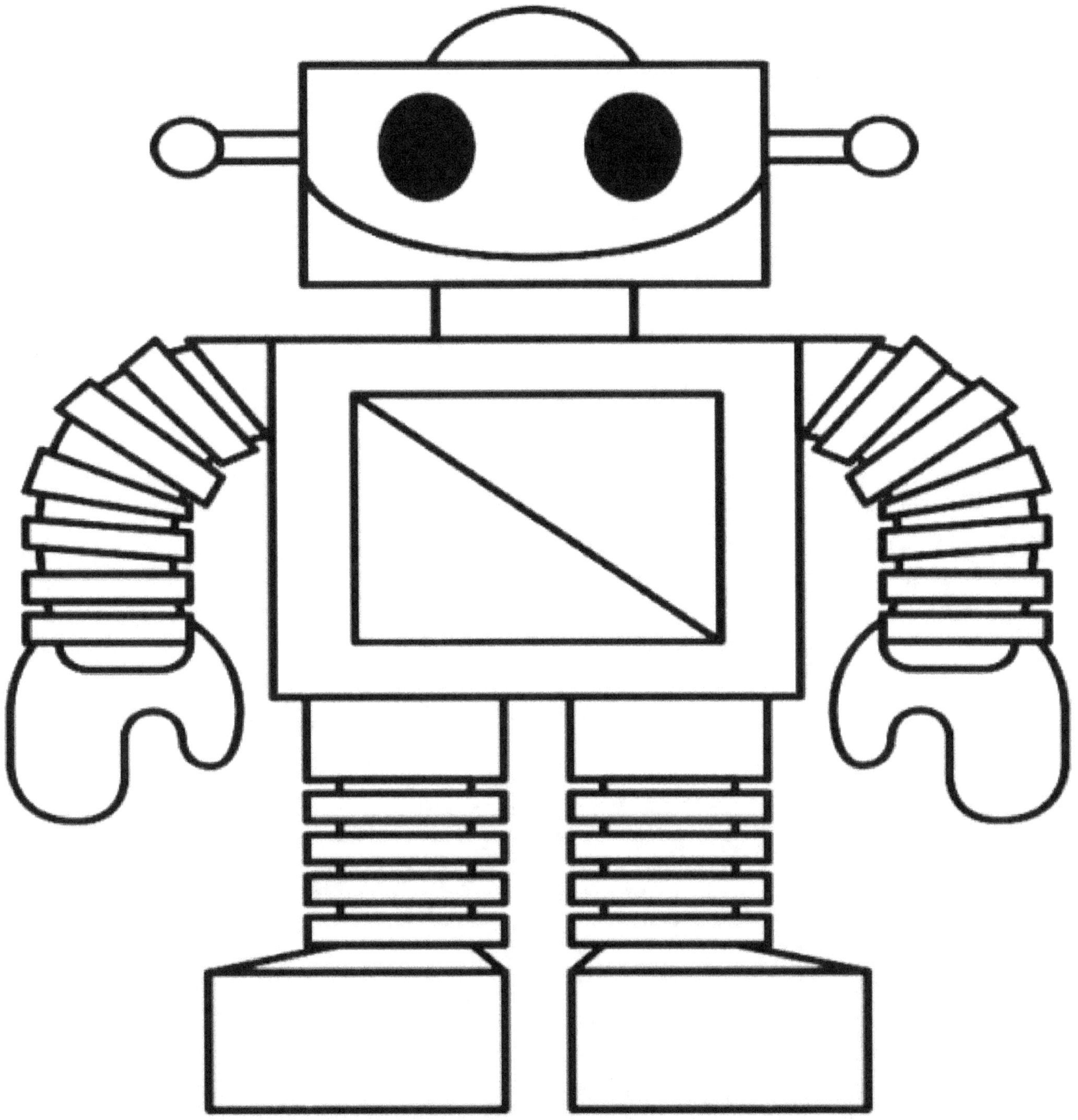

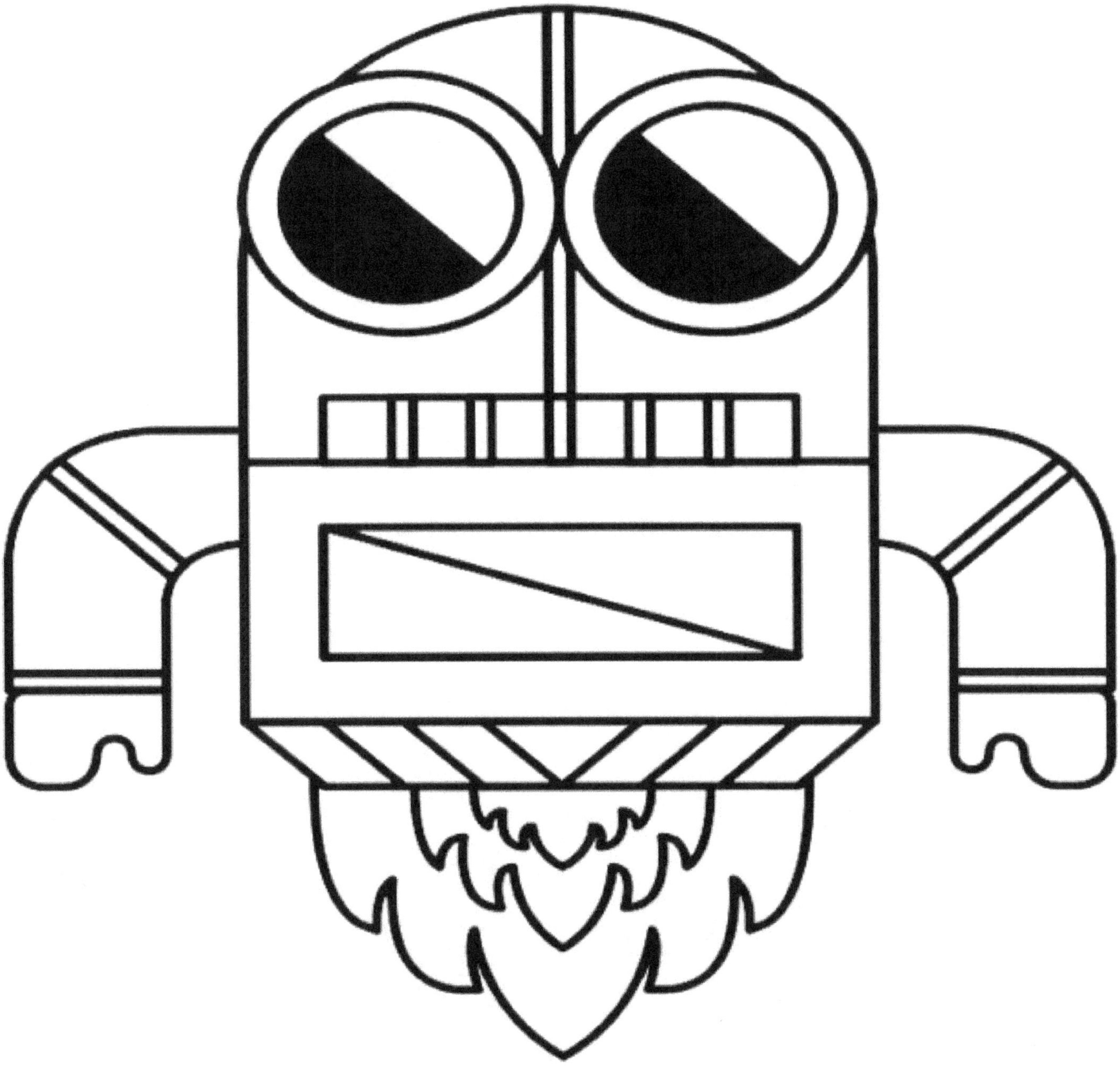

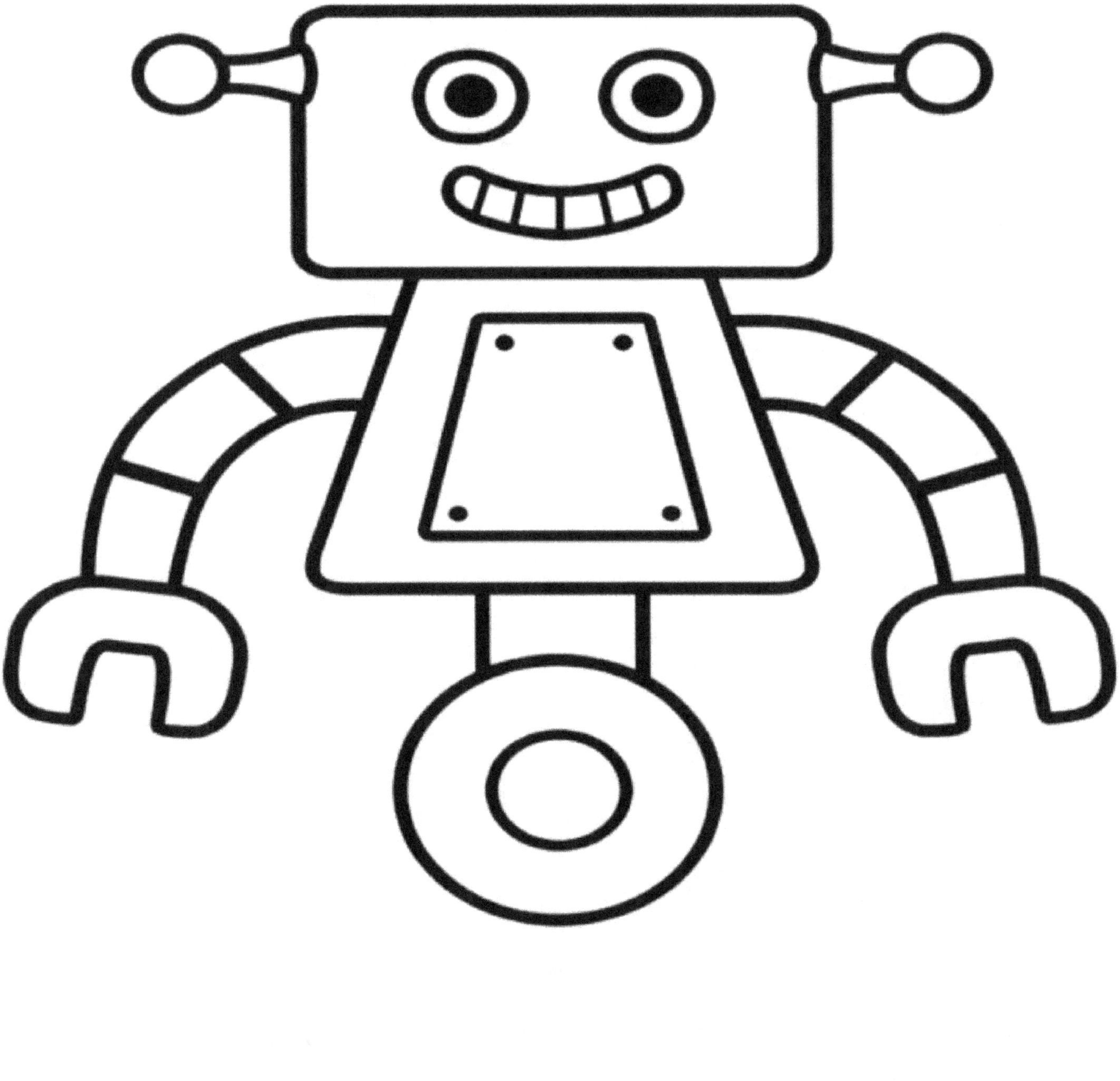

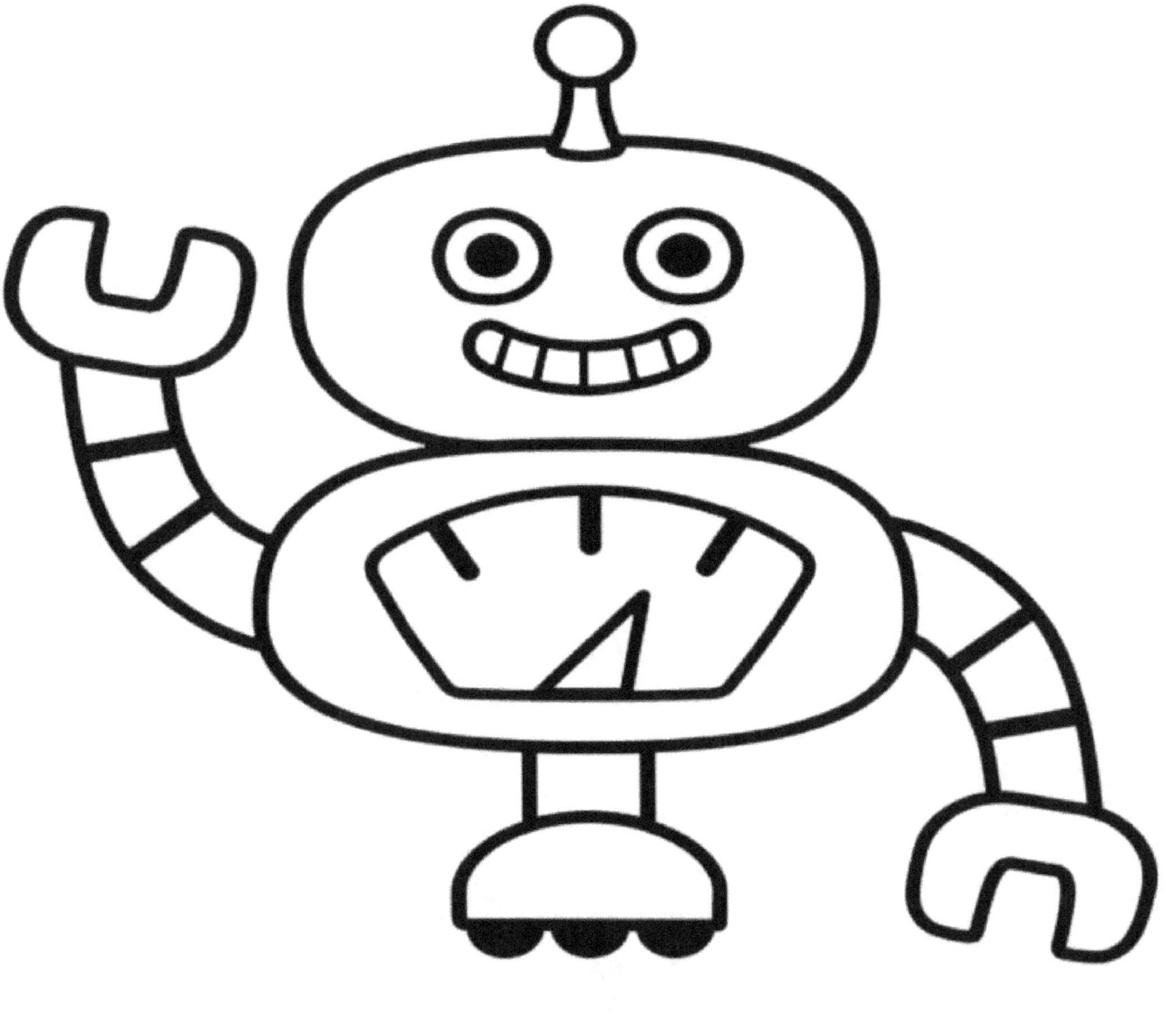

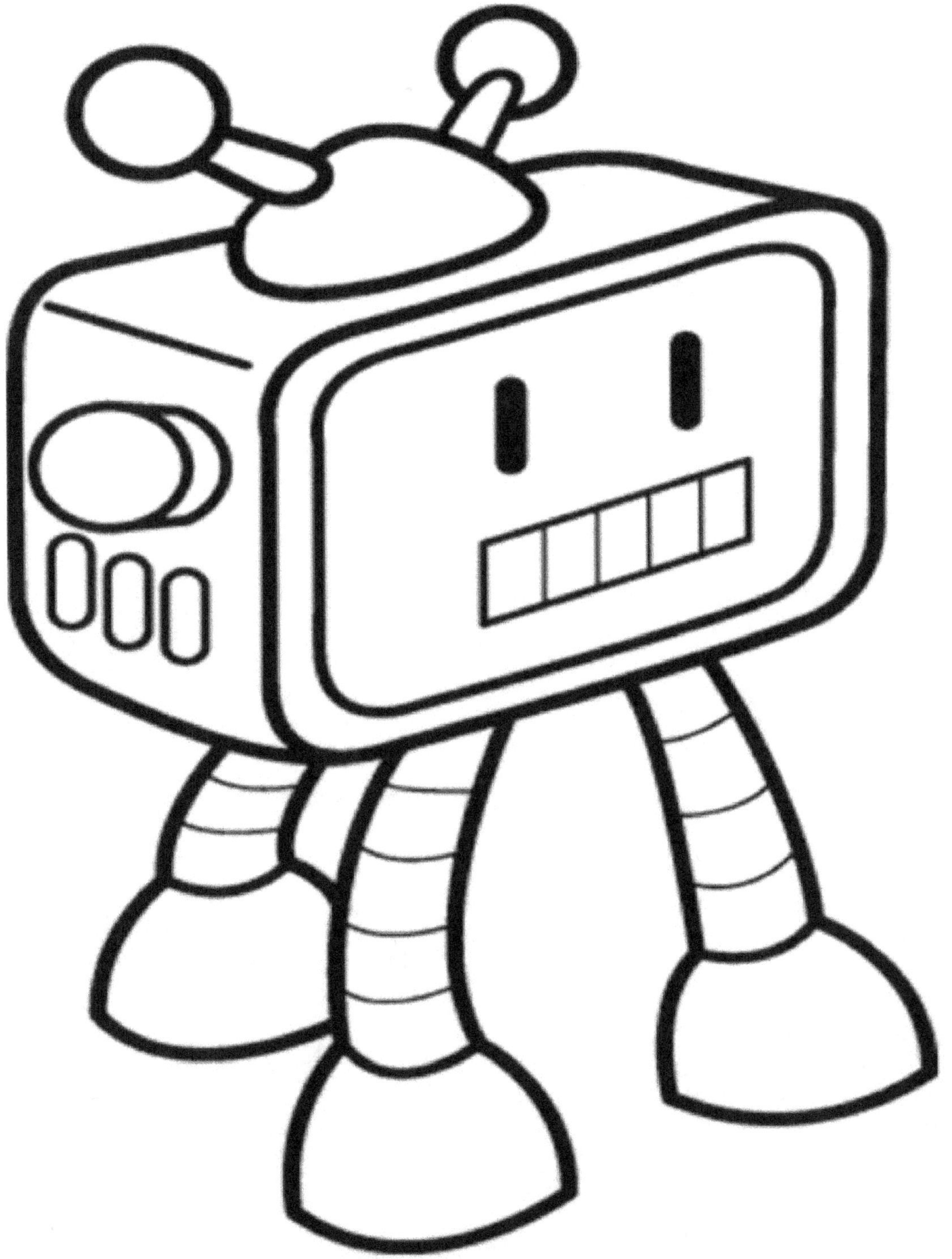

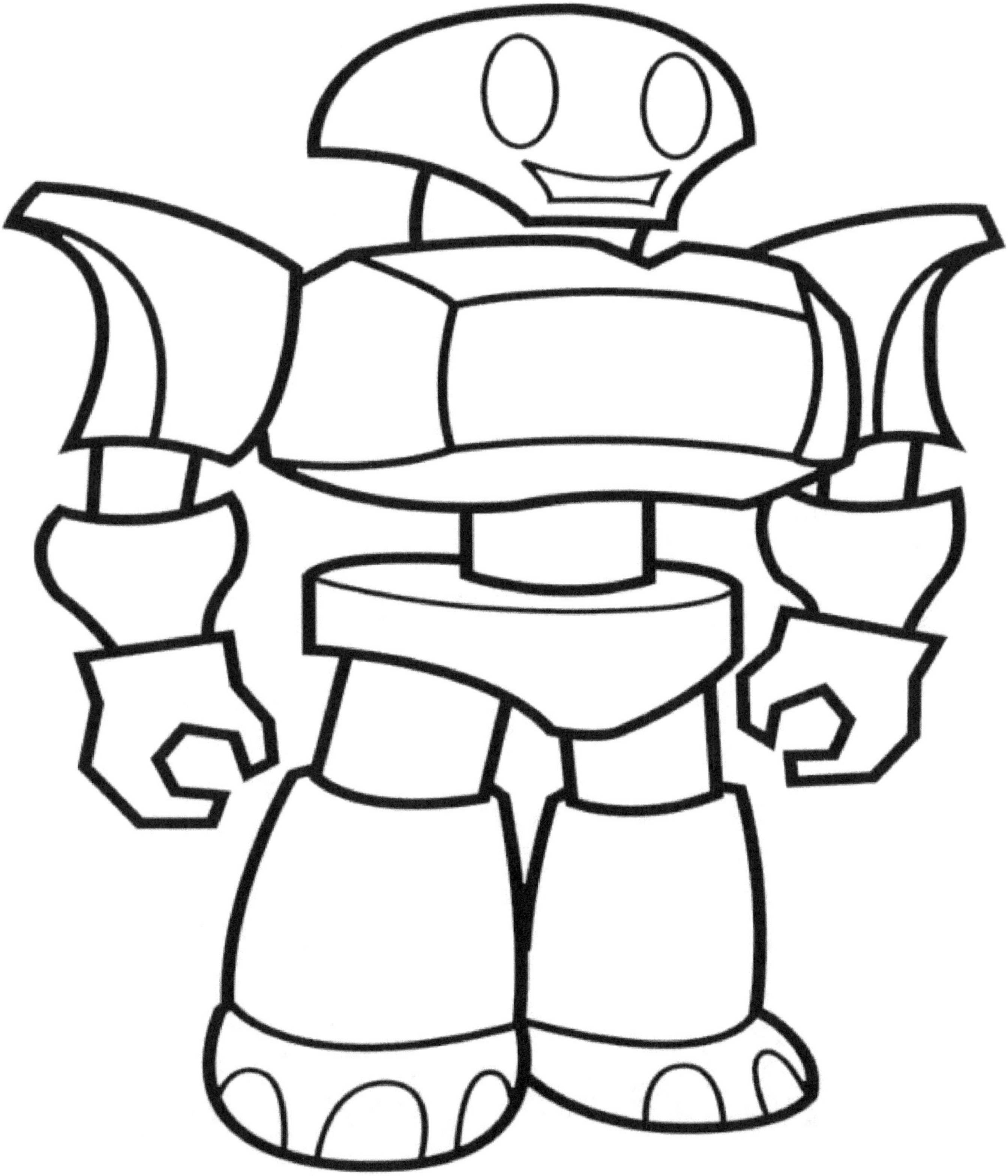

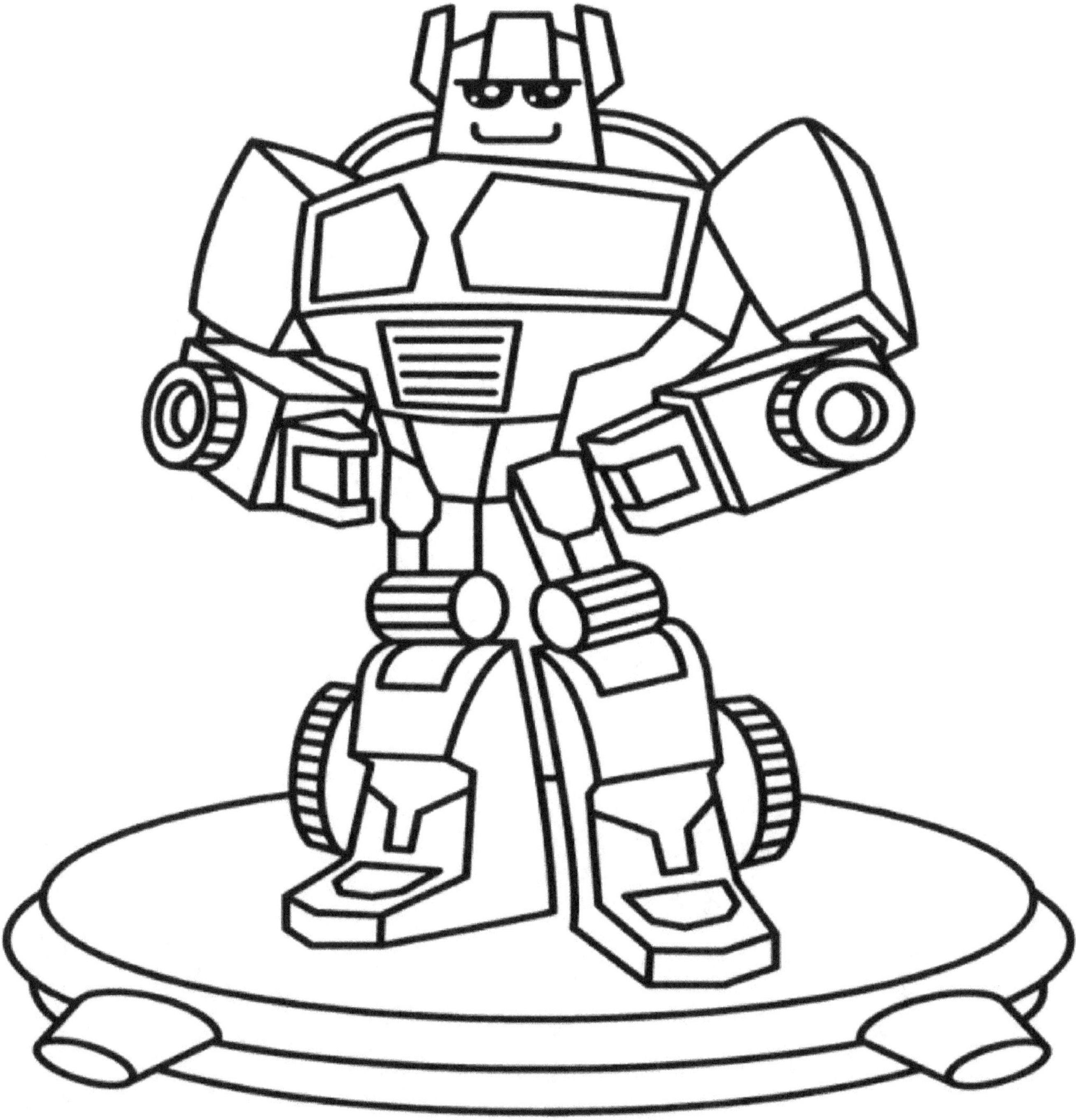

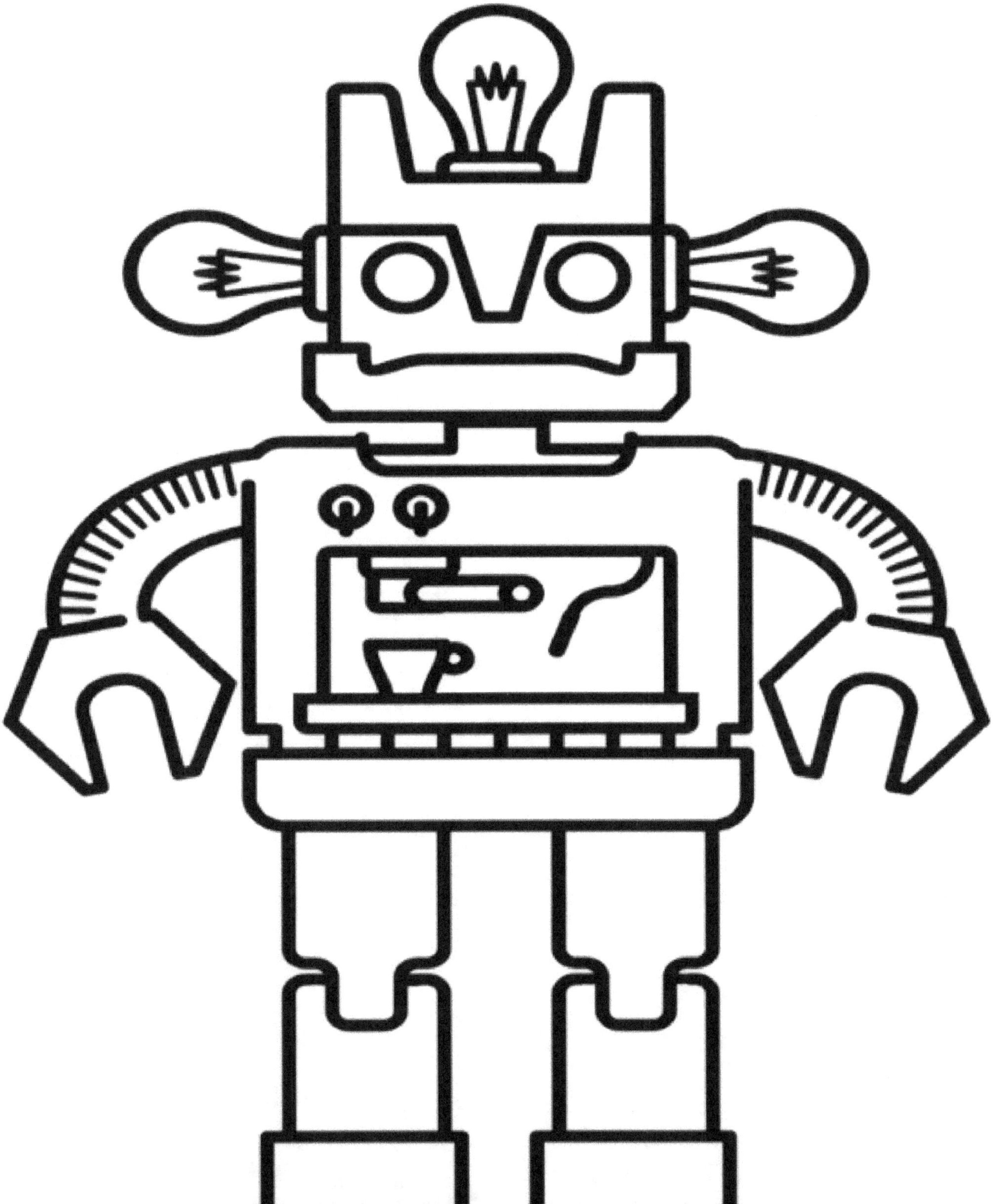

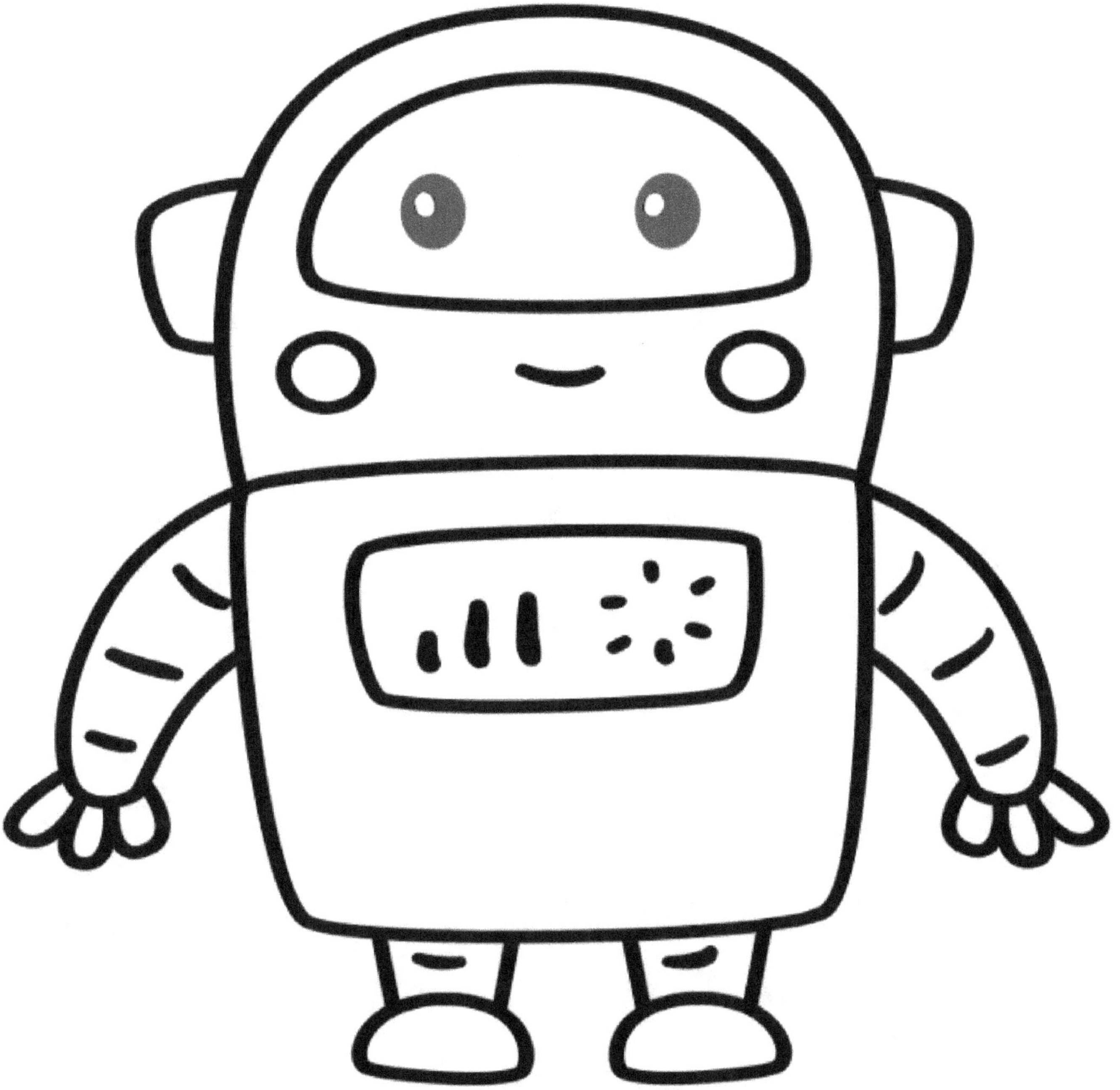

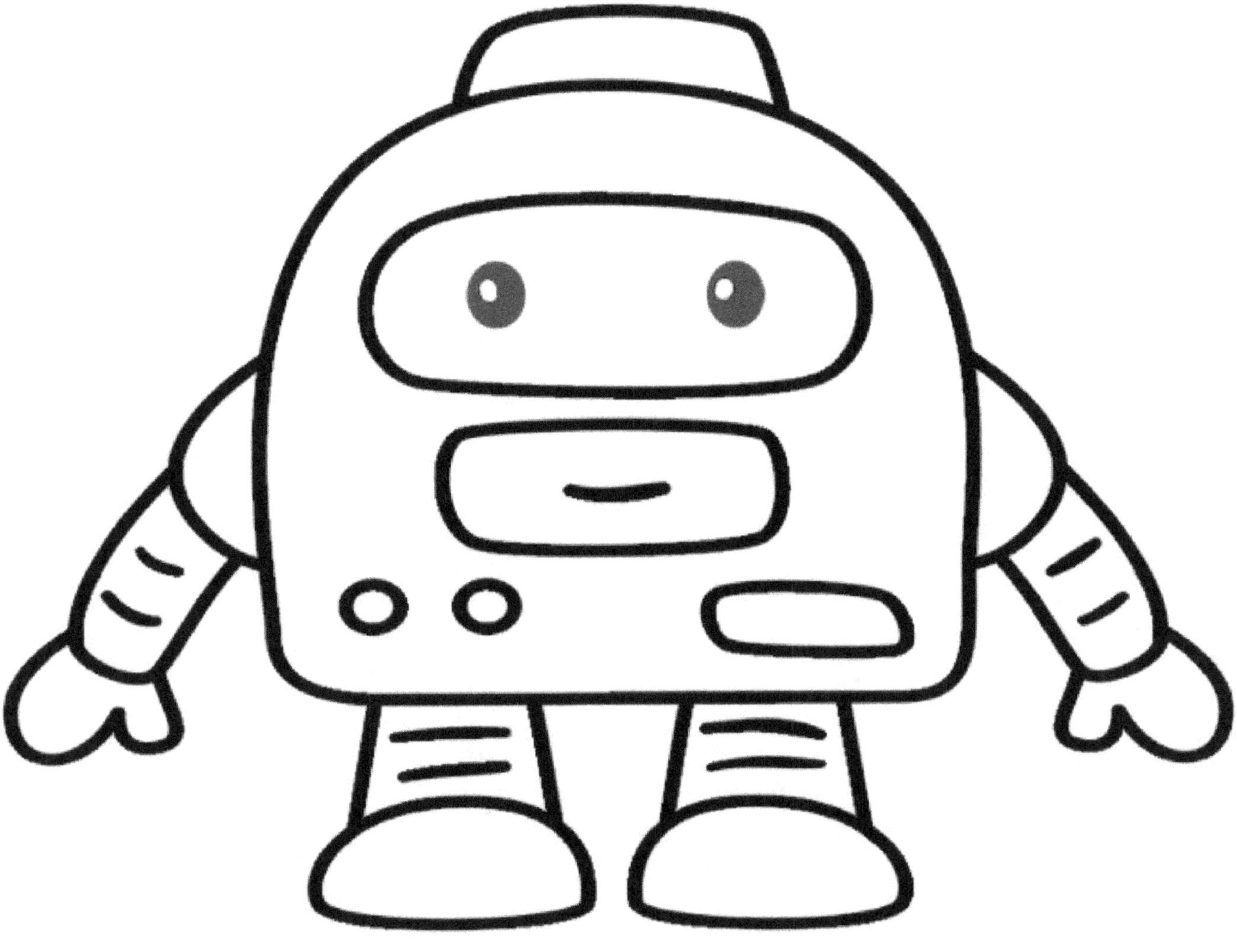

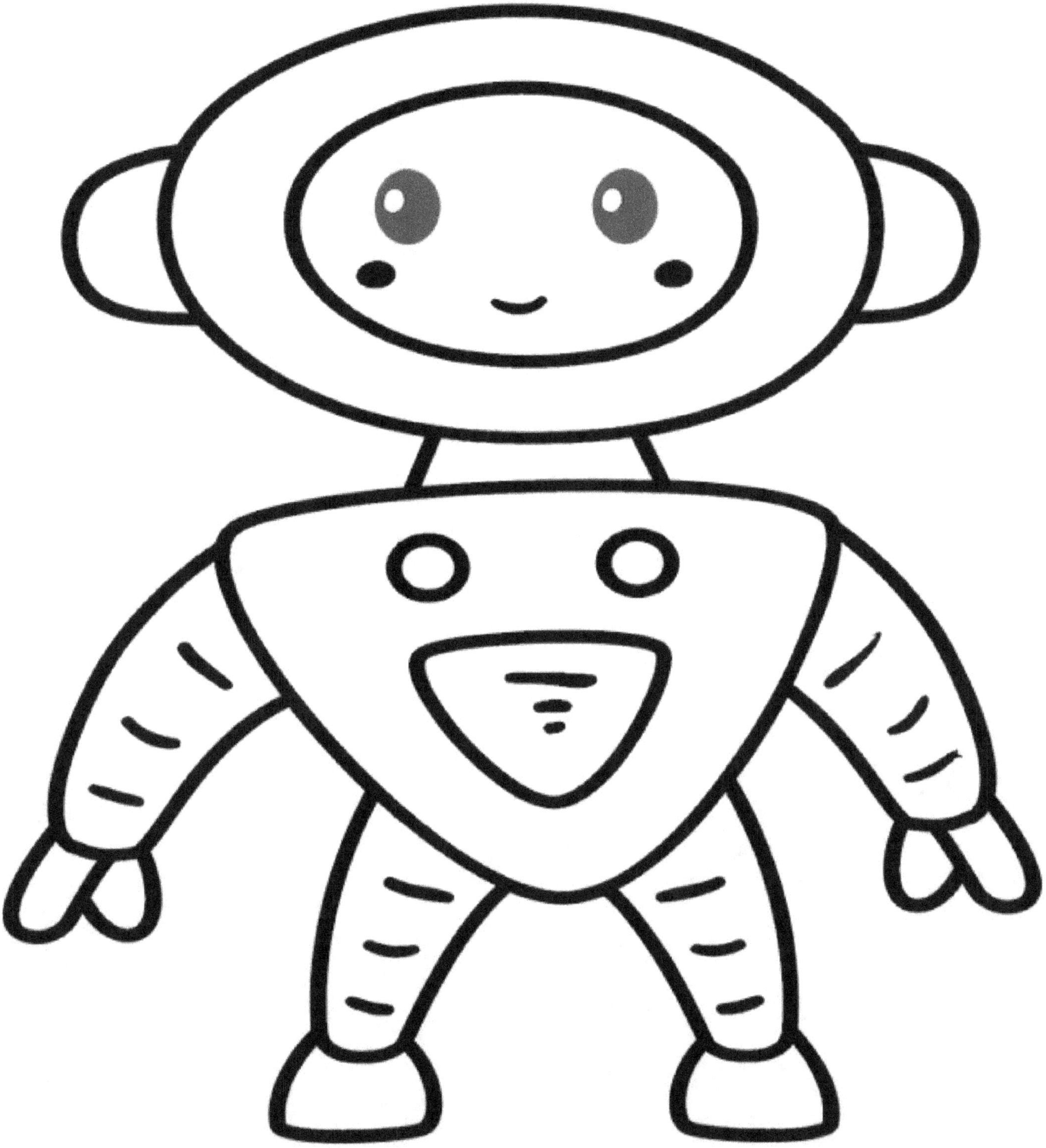

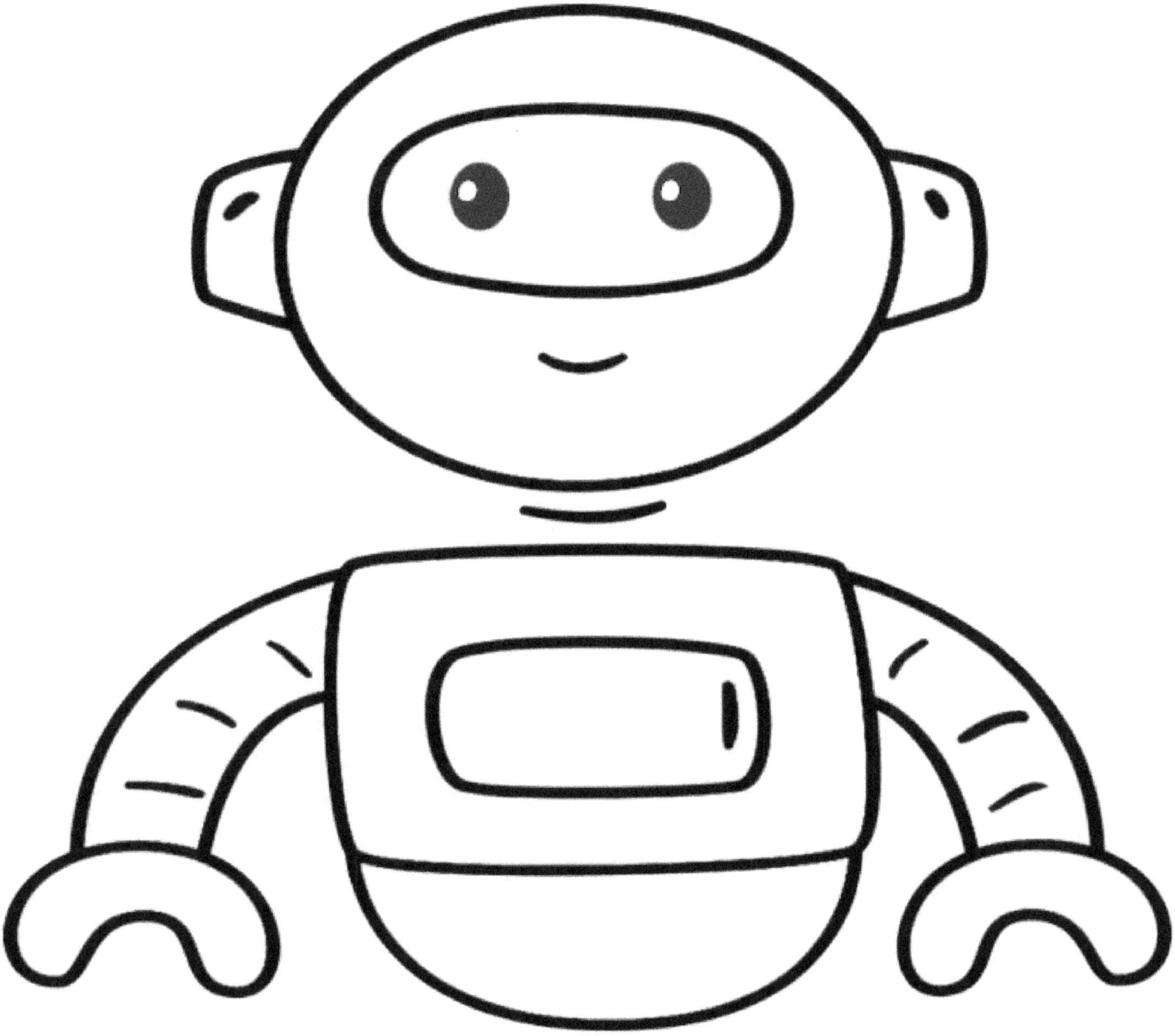

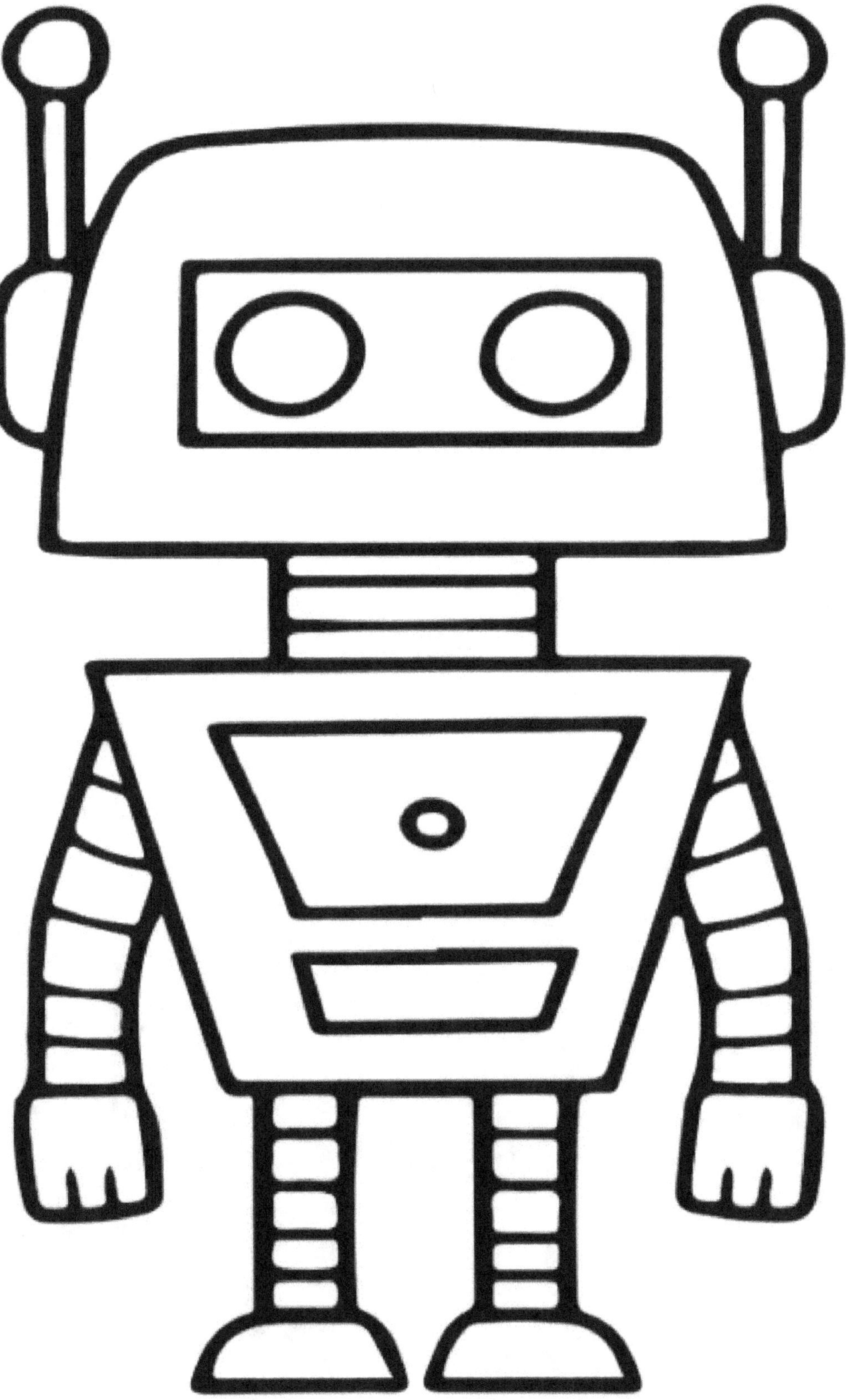

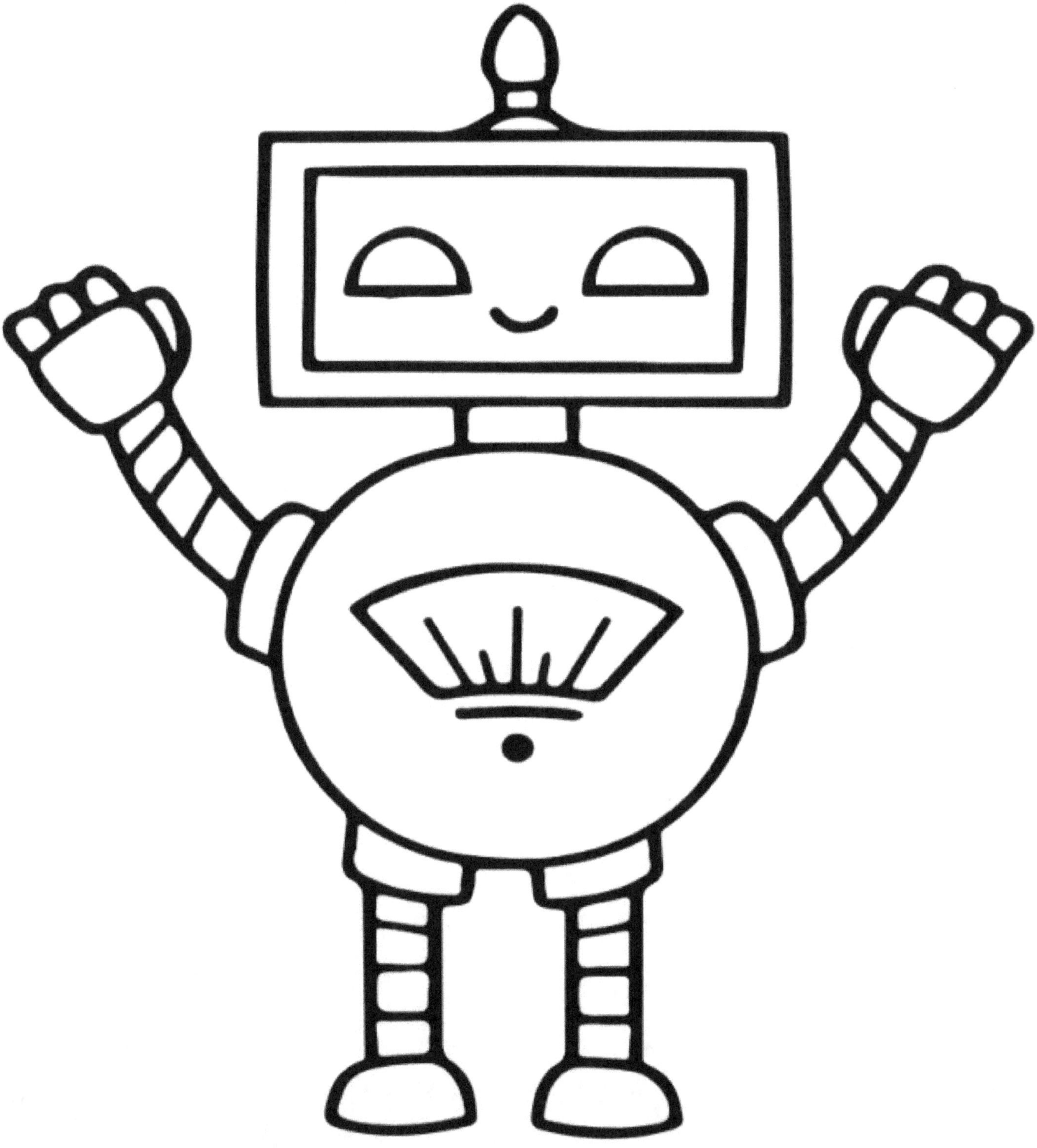

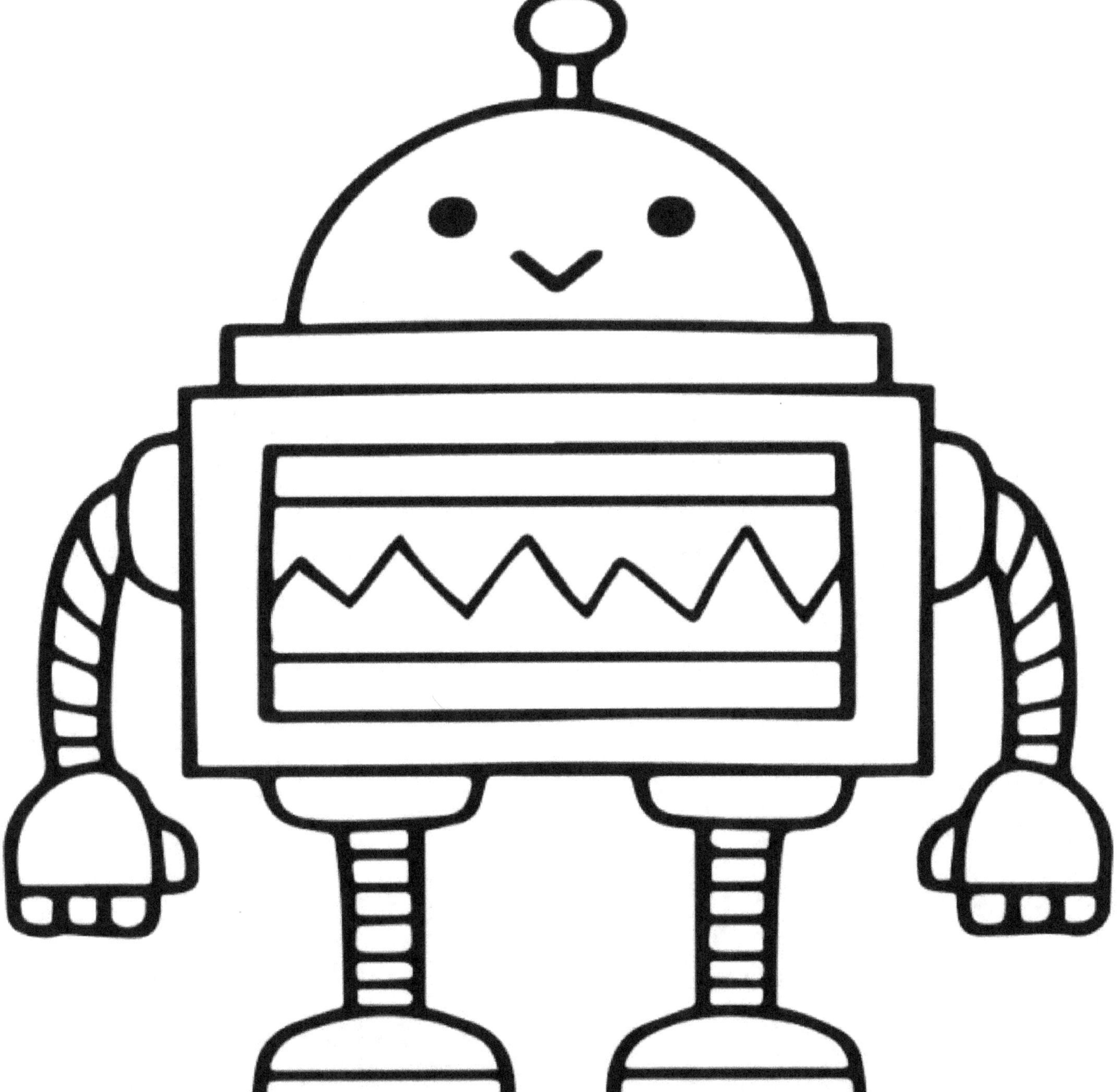

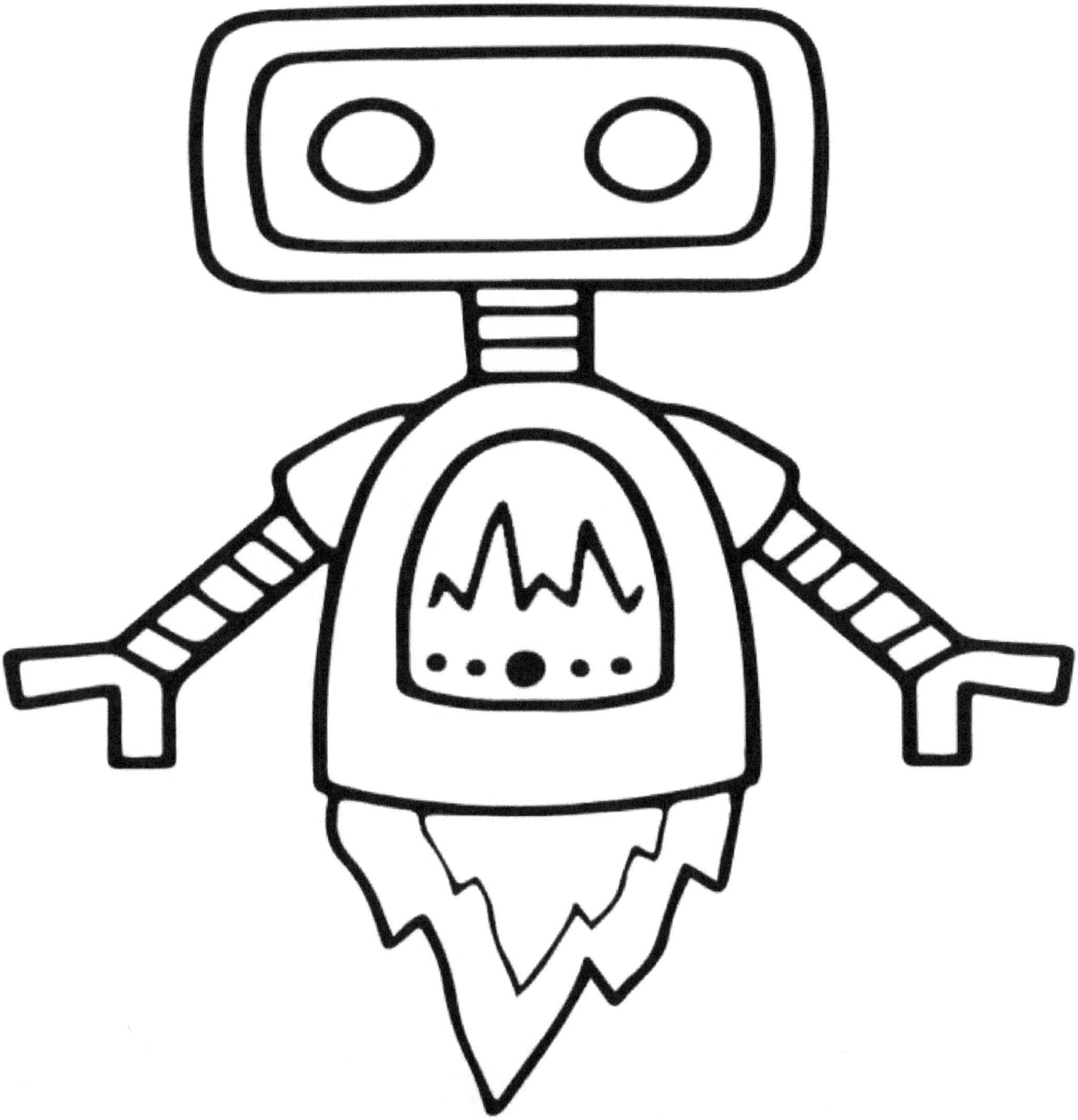

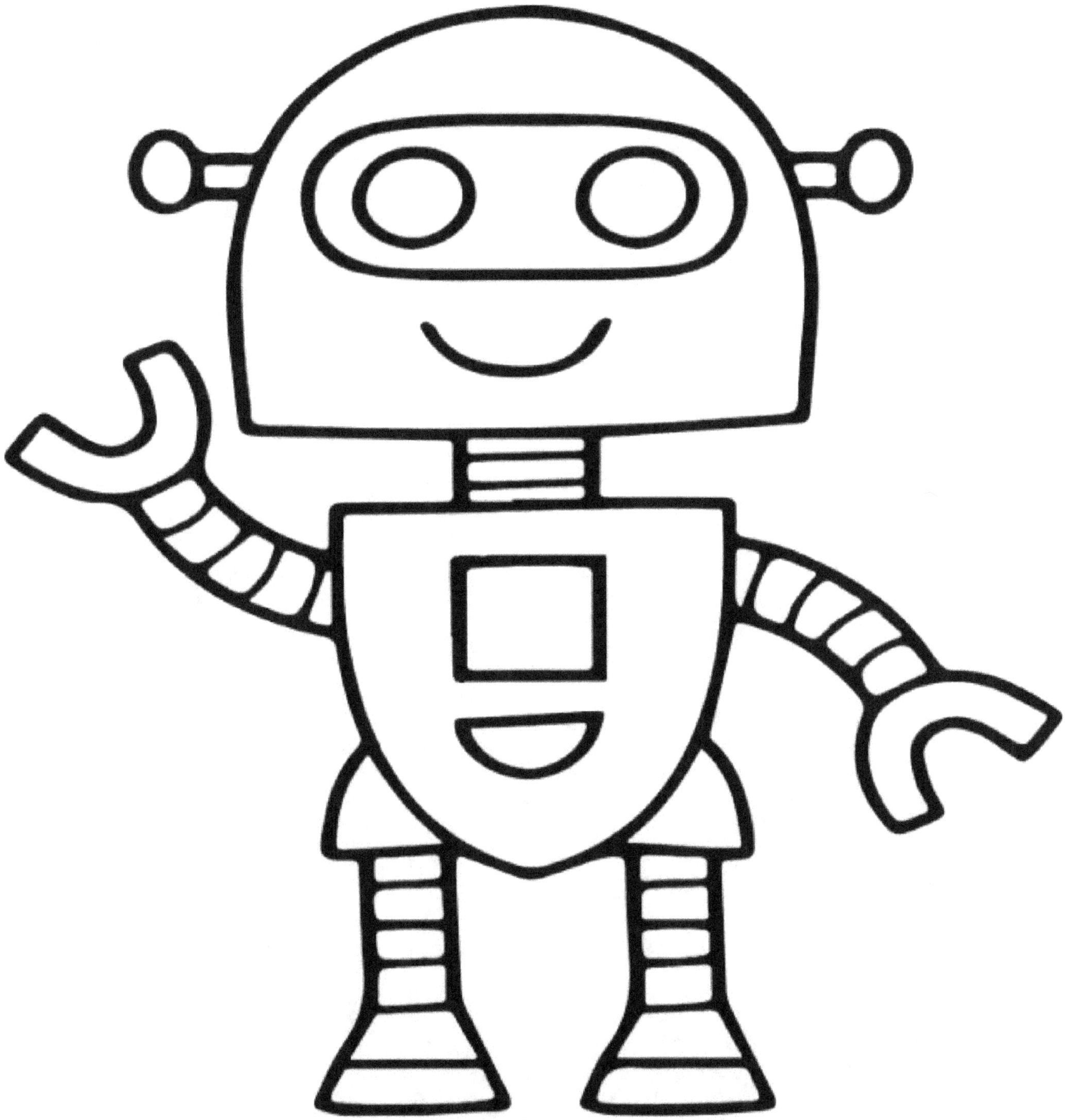

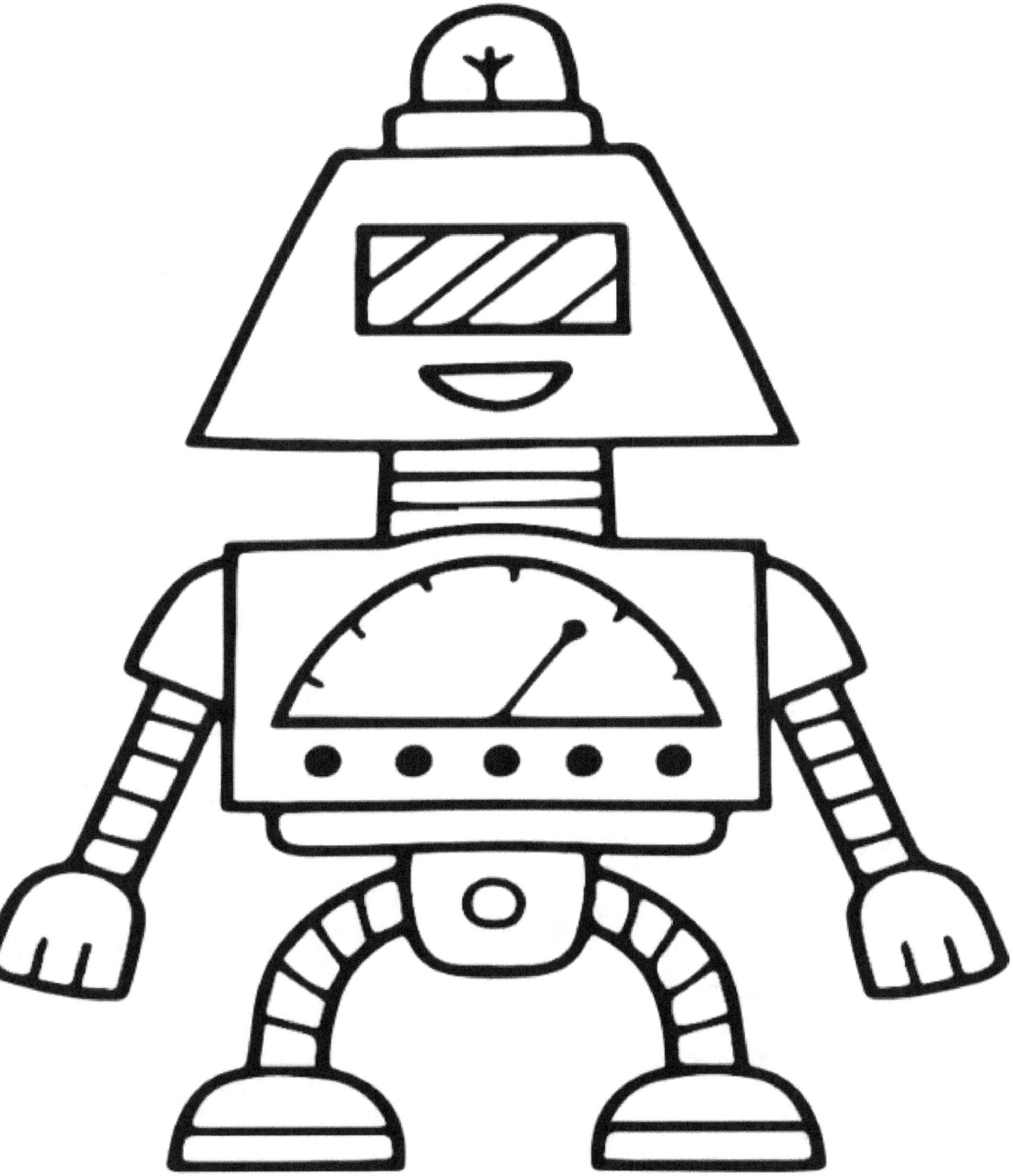

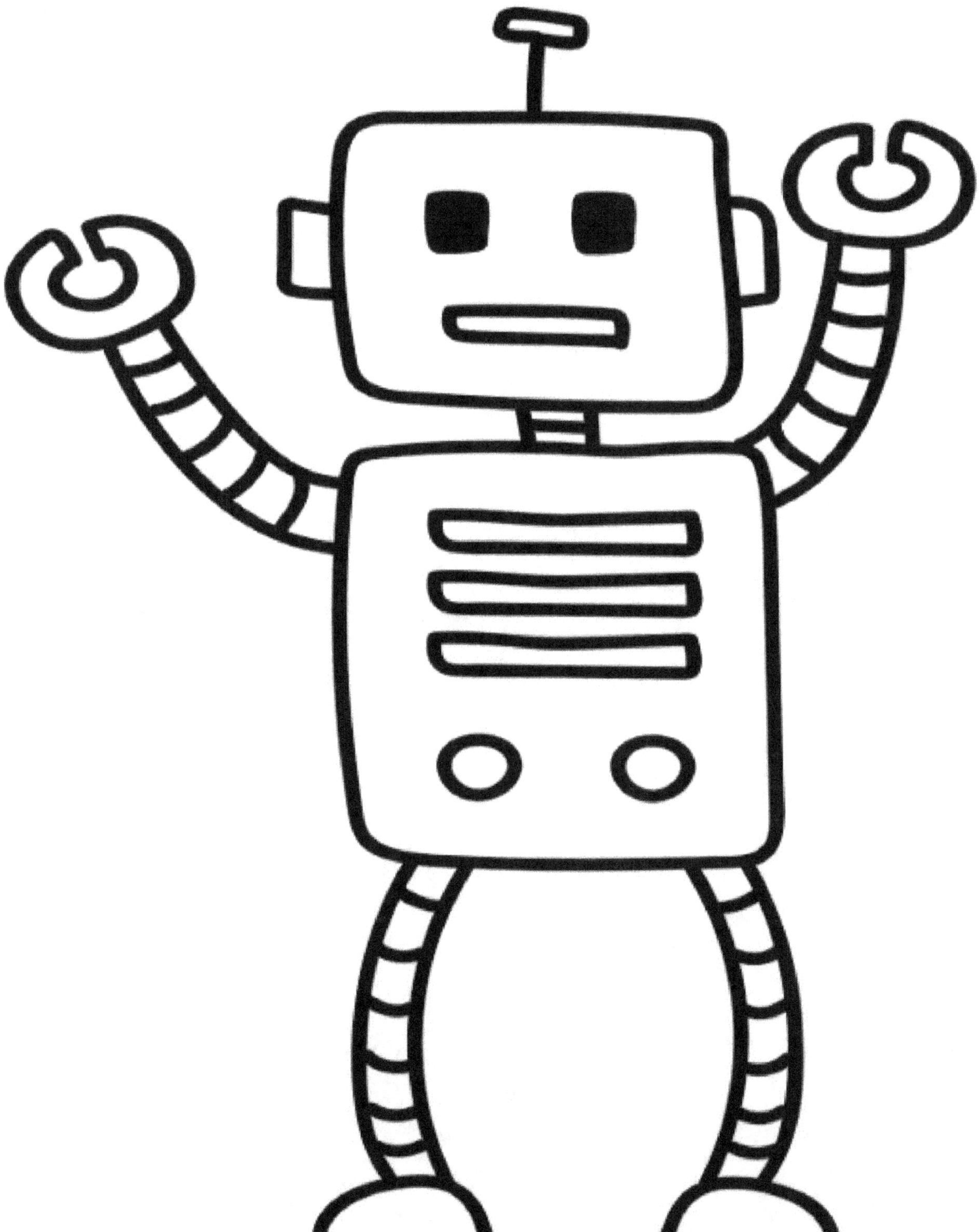

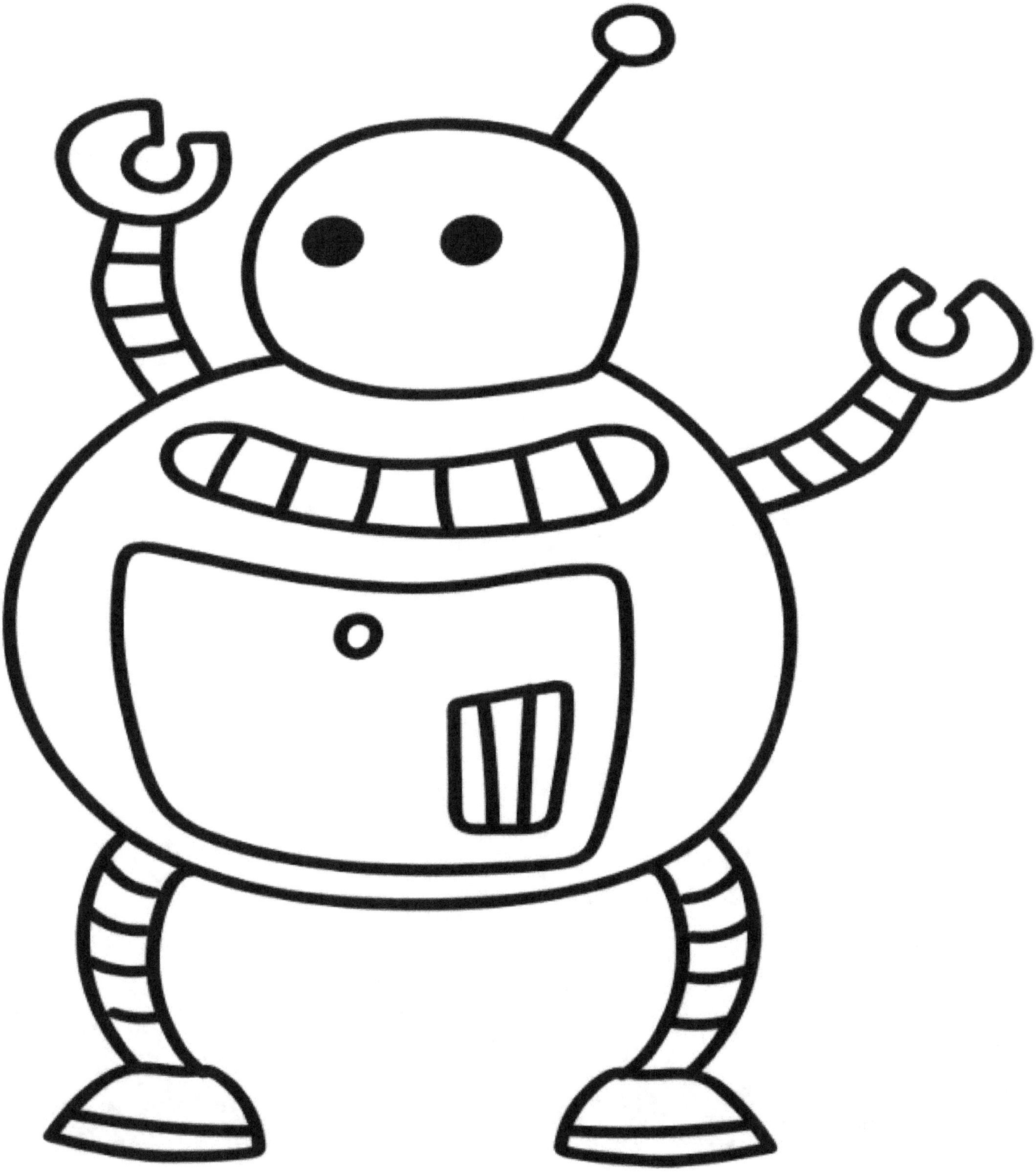

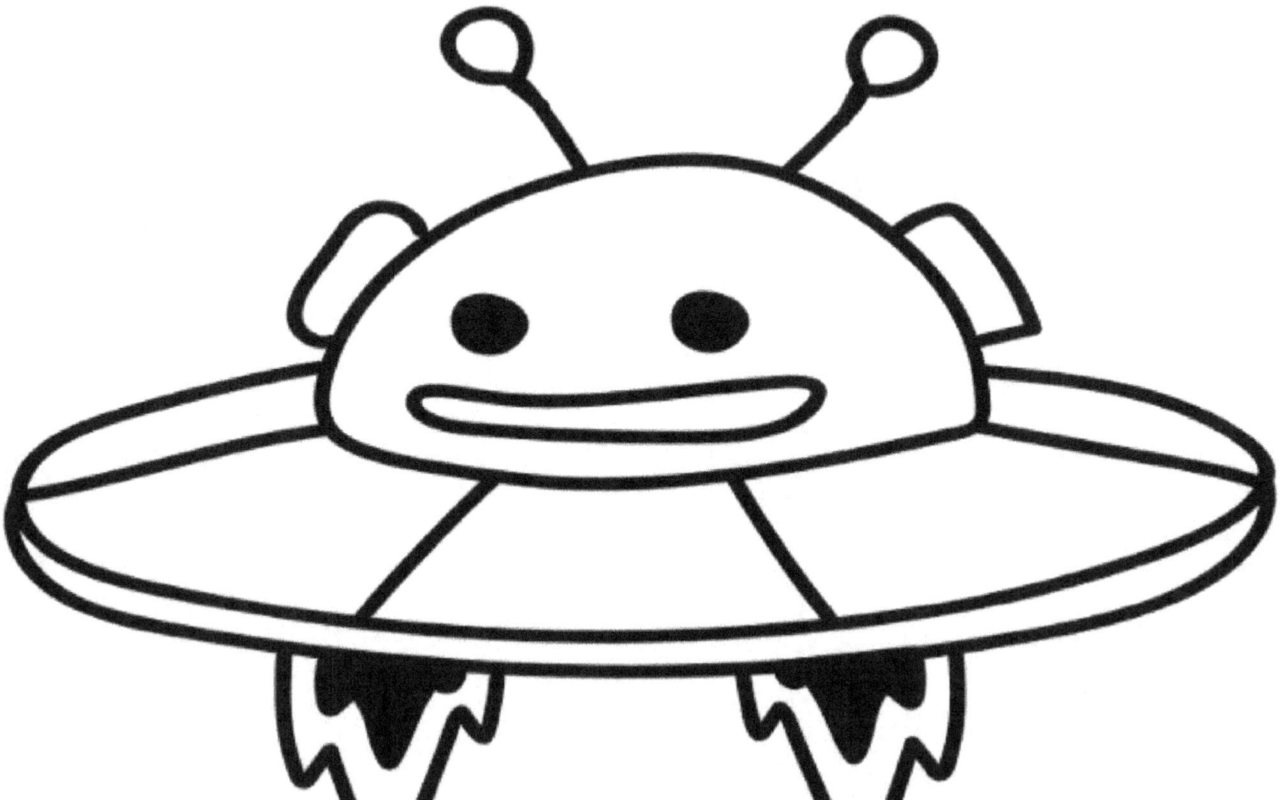

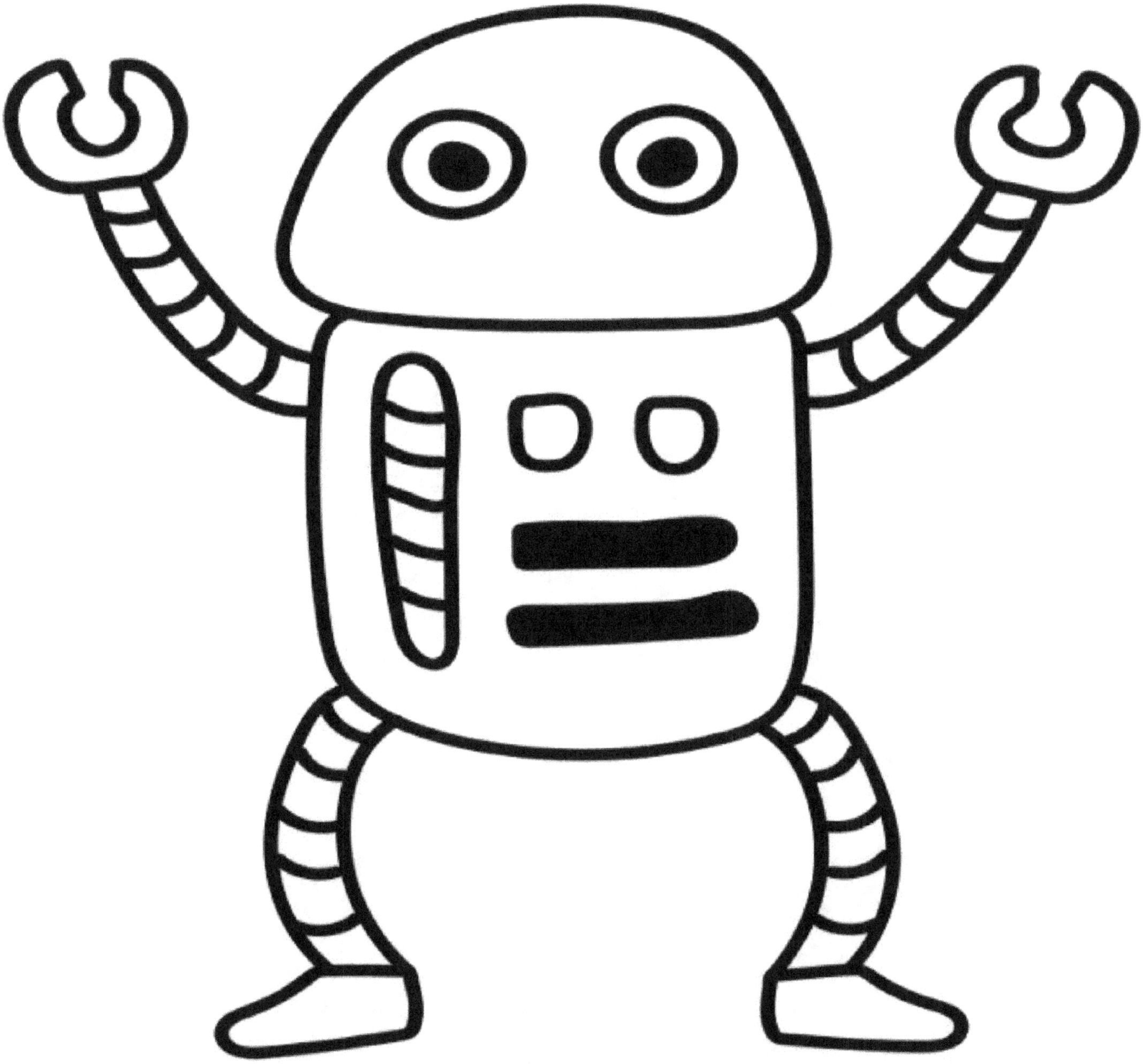

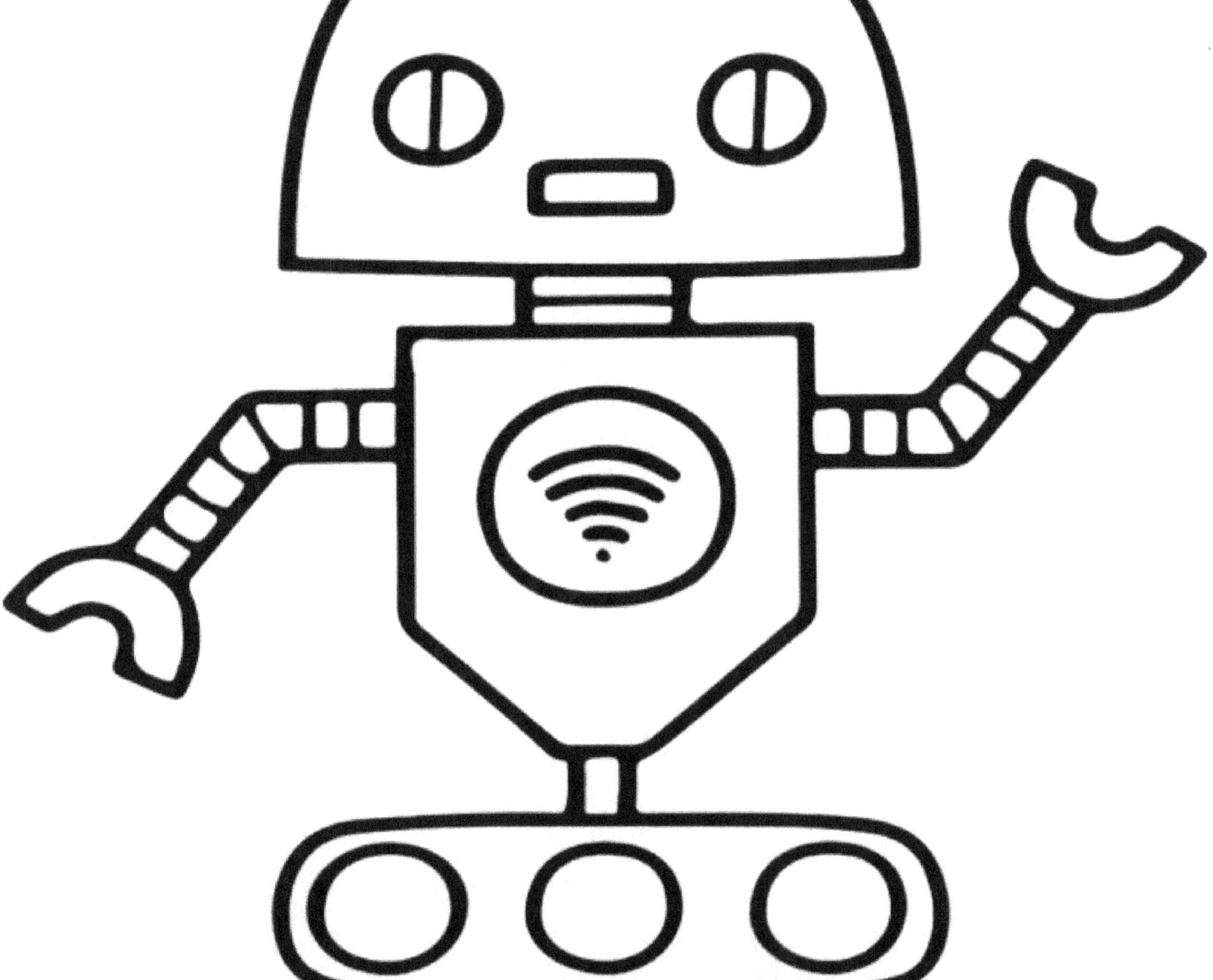

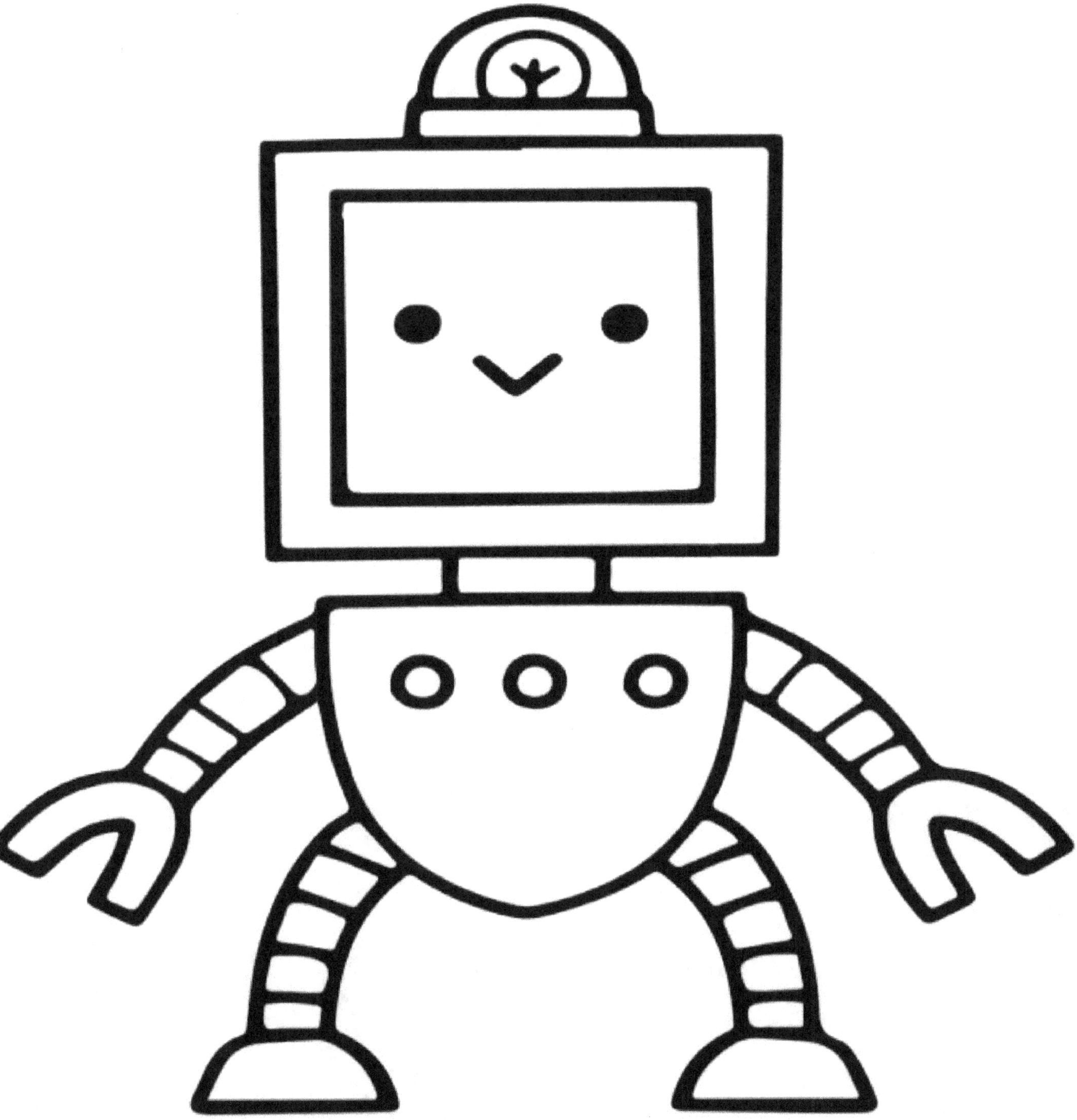

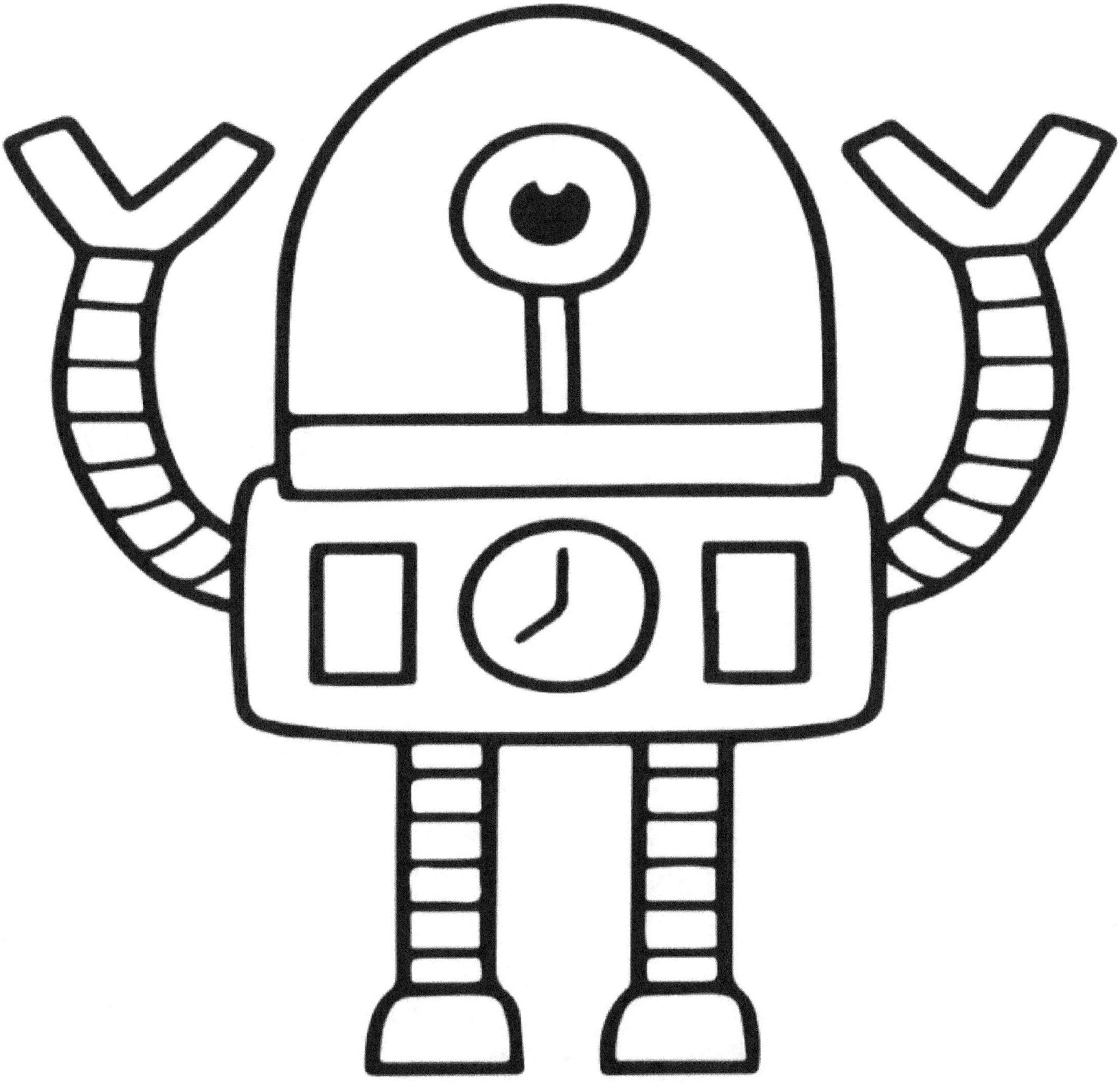

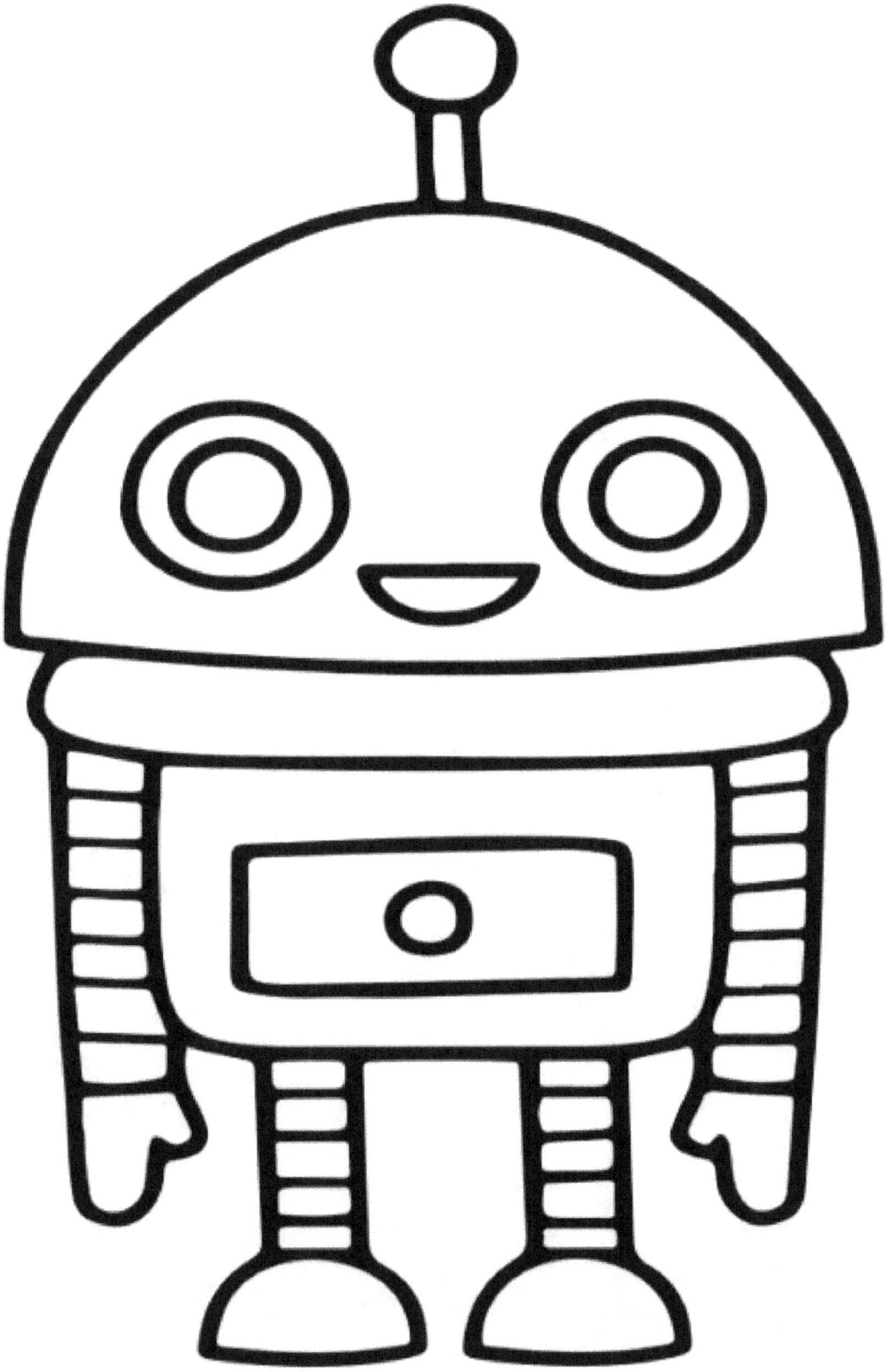

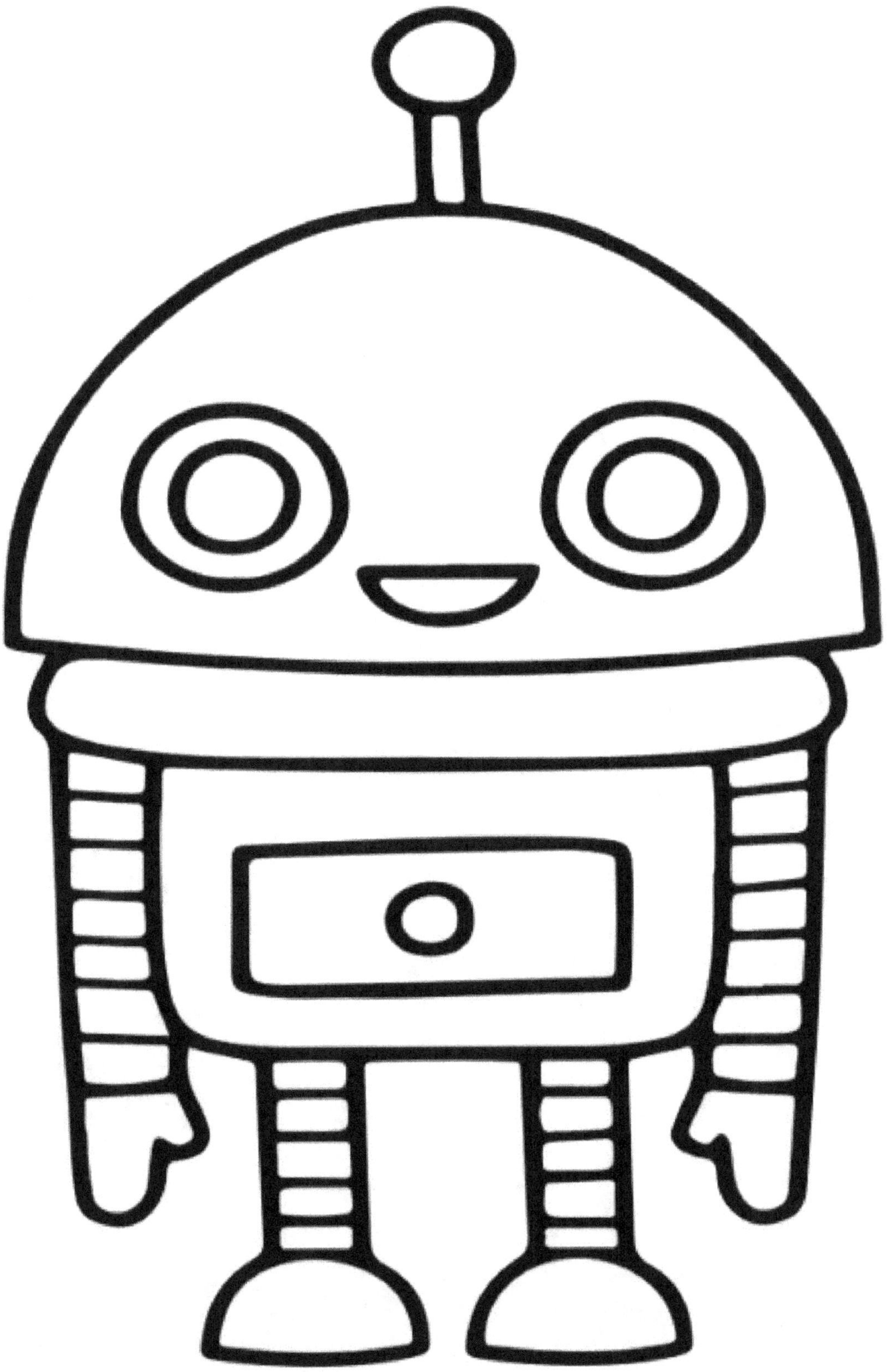

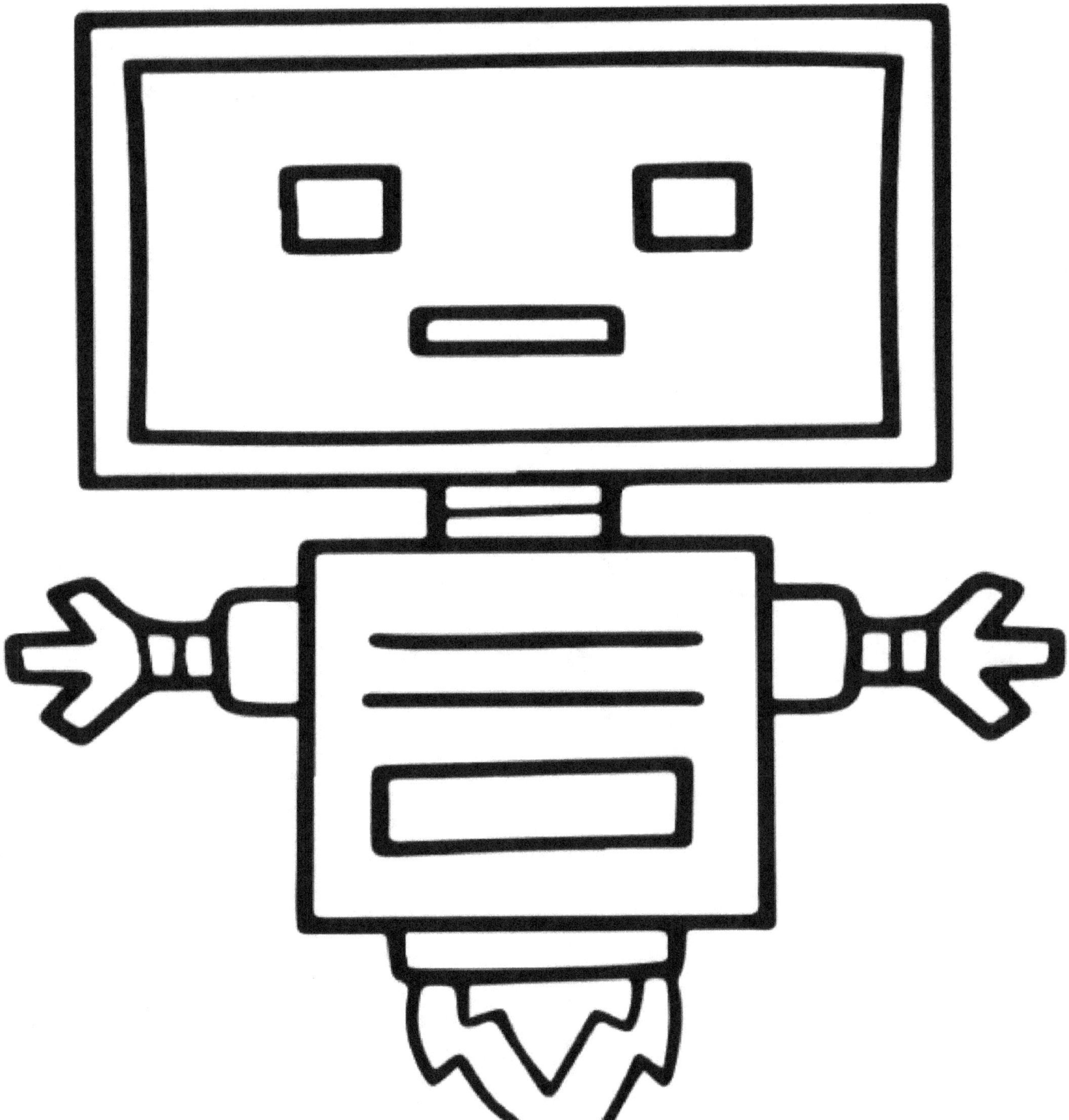

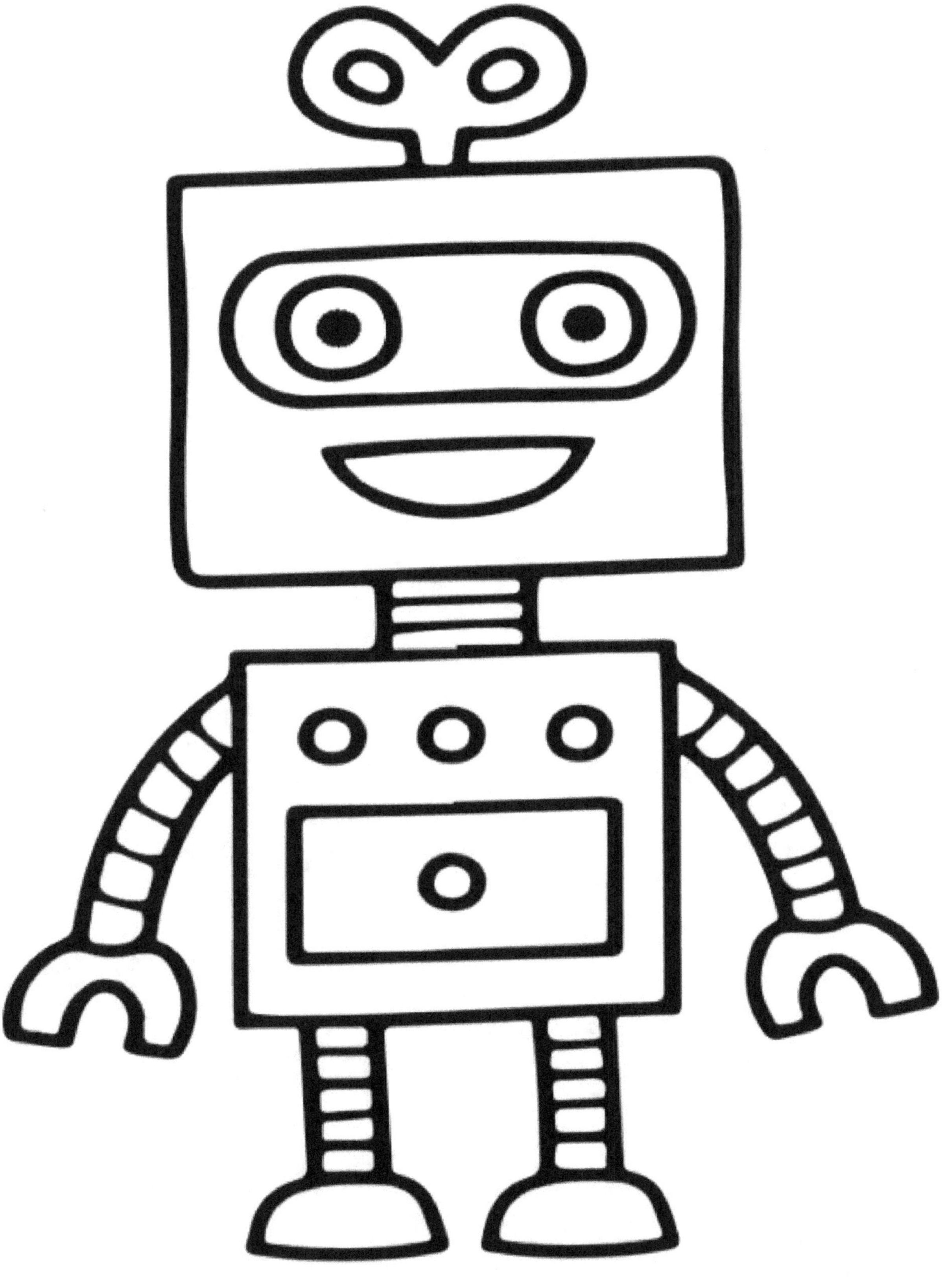

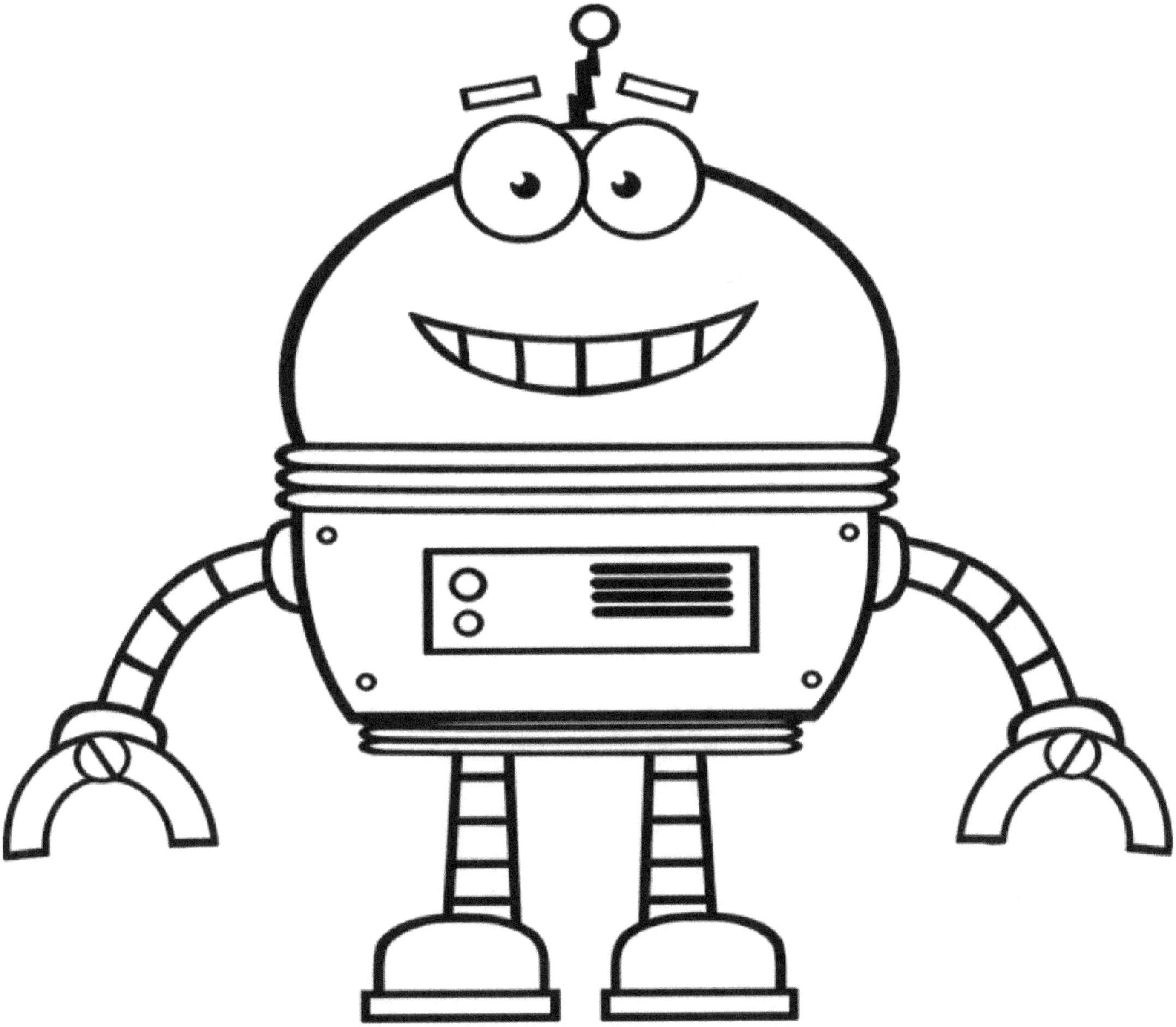

www.ingramcontent.com/pod-product-compliance
Lightning Source LLC
Chambersburg PA
CBHW081536220526
45467CB00010B/3220
* 9 7 8 1 7 1 0 5 9 8 0 5 6 *